本书获大理大学民族学重点建设学科经费资助

云南少数民族水文化的传承与变迁

沈玉菲——著

当代中国出版社
Contemporary China Publishing House

图书在版编目(CIP)数据

云南少数民族水文化的传承与变迁 / 沈玉菲著 .
北京 : 当代中国出版社 , 2024. 6. -- ISBN 978-7-5154-1337-2

Ⅰ . K280.7

中国国家版本馆 CIP 数据核字第 2024WY8840 号

出 版 人　王　茵
责任编辑　张　白
责任校对　康　莹
印刷监制　刘艳平
封面设计　鲁　娟
出版发行　当代中国出版社
地　　址　北京市地安门西大街旌勇里 8 号
网　　址　http://www.ddzg.net
邮政编码　100009
编 辑 部　(010) 66572180
市 场 部　(010) 66572281　66572157
印　　刷　北京中科印刷有限公司
开　　本　710 毫米 × 1000 毫米　1/16
印　　张　12.25 印张　1 插页　150 千字
版　　次　2024 年 6 月第 1 版
印　　次　2024 年 6 月第 1 次印刷
定　　价　58.00 元

前　言

有人说，地球应该被称为“水球”。水是这个世界的主角：地球表面 70% 是水，人体 70% 也是水。在道家，老子说“上善若水”；华夏传统文化和五行术数之源的《河图洛书》，被认为出自黄河和洛水；八卦之“坎”为水，五行包括水，三元不离水；《黄帝内经》认为，随着阳气的升降，水在天地间和人体内起着升降循环的作用，孕育了万物，推动着生命。在佛教理论里，水是构成世界的四大元素之一；在《圣经·旧约》中，上帝创造了天地之后，“上帝的灵运行在水面上”，似乎暗喻了上帝在创造生命之初，是依傍着水而造世界一切生灵；海水蒸发为蒸气，化为云雾雨露和山泉溪流，整个世界似乎是为水而搭建的舞台，水的循环就是生命的律动。四季流转，春至时河流解冻，生发之气使万物俱荣，姹紫嫣红和青山绿野正是水的赋予。所以古人说：“大（太）一生水，水润万物。”

诚如《周南·汉广》所言：“江之水矣，不可方思。”水是生命之源、文明之母、生产之要、生态之基。生命的起源和繁衍依赖于水，人类因水而衍生了内涵丰富、层次多元的水文化。对人类而言，无论哪个民族，都依水而孕育繁衍，生生不息。水孕育了人类，人类也通过生产劳动、神话传说、歌咏、信仰仪式、生活习俗记录了与水的互动，各民族与水的互动即形成了丰富多彩并意蕴深厚的水文化。

云南地处中国西南边疆，简称“滇”，具有典型的生物多样性和文化多样性。每当人们谈起云南，可能会联想到清朝名士孙髯翁所作的“五百里滇池，奔来眼底，披襟岸帻，喜茫茫空阔无边”大观楼长联，或者“苍山不墨千秋画，洱海无弦万古琴”的唯美景色，抑或是卡瓦格博终年不化的冰雪，泼水节上载歌载舞的傣族、阿昌族、布朗族、佤族、德昂族姑娘，雄奇壮丽的三江并流奇景，神秘独特的少数民族习俗生活，如此等等，无不与云南高原上星罗棋布的湖泊水系、曲折奔腾的大江大河息息相关。这些河流和湖泊，构成了壮丽的自然地理景观，滋养着各民族世代繁衍，形成了丰富的水文化，与众多文化事项共同融汇构成滇西北地区瑰丽的民族文化画卷。

水文化可分为广义的水文化和狭义的水文化。我们把人类在社会实践中以水为载体而创造的物质财富及精神财富的总和视为广义的水文化。把与水有关的包括哲学思想、科学教育、文学艺术、道德规范、民风习俗、宗教信仰、价值观念、法律法规等在内的各种社会意识视为狭义的水文化。本书写的是云南少数民族水文化，注重的是广义水文化，即云南各民族以水为载体而形成的各种物质文化和精神文化现象的统称。

“仁者乐山，智者乐水。”水为智者提供了丰富多元的文化源泉，智者亦开发了无穷无尽的水文化宝藏。云南少数民族水文化的相关研究成果相当丰硕，尤其郑晓云论文集《水文化与生态文明：云南少数民族水文化研究国际交流文集》《丽江之水》以及《沐浴圣水的傣族女性》《上善若水——中国西南少数民族水文化生态人类学研究》等相关专著相继问世，深入探讨了各民族水文化与生态机制构建认同话题。显然，相关问题、理论、实践、方法等方面的研究都已经很深入，成果也非常丰富，已经具备系统化研究云南少数民族水文化的条件。

需要进一步说明的是，无论是农耕民族还是游牧民族，无论是传统社会还是现代社会，人类从选址居住到基本的物质生产生活都离不开对水的依赖，变化万千的水也相应地成为人类物质生活和精神生活中不可分割的部分。因此，我们可以把水文化分为物质水文化和精神水文化，也可以分为水信仰、水技术和水制度，本书选择从水信仰、水技术和水制度三个方面进行具体阐述。“水信仰”是一种将水视为神圣、具有超自然力量的信仰或宗教实践。在世界各地的很多文化中，水被视为生命之源，是人类、动植物和整个生态系统的重要组成部分。因此，很多文化中都存在着与水相关的信仰和仪式。“水技术”指的是涉及水资源管理、水处理、水供应和相关领域的技术。这些技术旨在解决水资源方面的问题，包括提供清洁的饮用水、处理废水、提高灌溉效率等。水技术主要包括水处理技术、水供应技术、灌溉技术、废水处理技术、水资源信息技术、水节约技术、新型水源技术和社区参与技术。这些水技术有助于解决全球面临的水资源管理和供水问题，推动可持续的水资源利用。技术的发展和创新在确保水资源可持续性、保护环境和提高生活质量方面发挥着关键作用。“水制度”指的是管理和规范水资源的制度体系，包括法规、政策、管理机构等方面。水是人类社会和生态系统中至关重要的资源，因此需要建立一套系统的制度来保护、管理和分配水资源。水制度涉及水法和法规、水资源管理机构、水权和分配、水质管理、水资源规划、社会参与与合作等方面。

应对水危机离不开水技术和水制度，但笔者认为，核心的要素是关于水的观念。观念决定了人与水的关系。对于少数民族传统社会来说，这一核心观念即久远的水信仰，充分体现了人类传统水观念的神圣性特征。水通常被视为生命的象征，因为它是许多生物的生存之道。在这种信仰中，人们可能会将水与生育、再生和持续的生命联系在一起。水的流动性和透明度使其具有神秘的属性。在一些文化中，人们相信水域中存在着超自然的生物或力量，需要尊重和敬畏。在很多文化中，水被认为具有净化身体和灵魂的力量，信徒可能会进行水浸、洗礼等仪式，以清除罪孽或带来新的生命。不少文化中有专门的水神或女神，他们被认为是水的守护神，掌管着水域，人们可以通过祭祀和祈祷来获得神灵的庇护和祝福。在一些信仰体系中，水与灵魂之间存在紧密的联系，死后的灵魂可能需要通过水域或水的仪式来进行转变或净化。许多文化中都有与水相关的节日和仪式，这些活动通常包括水上游行、祭祀仪式、舞蹈和音乐表演等。水信仰反映了人类对自然元素的敬畏和对生命力量的理解。这种信仰不仅在宗教仪式中表现出来，还贯穿于日常生活的各个方面。水信仰有助于塑造文化认同，加强社区联系，并通过对水资源的保护和尊重来促进可持续发展。水信仰是起源于人类对水资源的依赖和敬畏而形成的自然崇拜，有着漫长的历史演变过程，其表现是多种多样的，具有区域性、民族性、融合性，深刻地反映了人水关系。在云南少数民族传统社会，人与水关系非常密切，不同的民族和地区有着丰富多元的水神信仰，从人类学整体性视角来看，水信仰可包括与水相关的神话传说、宗教观念、祭祀仪式、神灵体系、镇水灵物，以及宇宙祠堂、信众、仪式专家等。水为人类提供生产生活资源，水滋养着人类，人类与水的关系是依赖与被依赖的关系，人类对水充满了敬畏和爱惜。虽然人类也管理、改造和利用水，但人与水相比是渺小的。不过，这种关系在近现代以来随着经济政治社会的发展而不断变迁，表现出新的特征和困境。

在现代化和城市化进程中，各产业发展对水的需求在不断扩大，人类所面临的水危机对可持续生存带来了越来越严峻的挑战。本质上，这是人水关系的转折问题。在现代社会，人们更多地将水视为一种消费品，人水之间的关系更多体现为消费者与商品的关系。这种关系与传统社会的人水关系大相径庭，即随着社会的变迁、时代的发展，水的神圣性正在消失，人对水的敬畏之心逐渐消解，这种消解和弱化带来的是水资源被污染和破坏的严重后果。

自2019年以来，笔者以滇西北地区为重点，对少数民族水文化进行了两年多的调查研究，在调查中，尤其关注各地区和各民族的水神信仰神话传说、庙宇祠堂、祭祀仪式，力求厘清水信仰、水技术和水制度状况，挖掘水文化中关于水资源保护的传统知识，为当下水资源危机和水资源保护提供应对策略。笔者认为，传统社会水信仰对于水资源的保护起到了可持续的积极作用，具体体现在水资源利用保护的一系列禁忌和法规上。当今社会引起水危机的关键要素是水观念的改变，尤其是对水敬畏感的丧失，而这正是应对水危机的核心环节。我们应正视这一事实，警惕这种变迁，倡导对水的有情关怀，构建人与水和谐共生的生命共同体理念，推进建设可持续发展的现代水生态文明。

目　录

第一章　云南少数民族水文化概说

第一节　水文化概念的内涵

人类文化具有多姿多彩的形态，水文化是其中的重要组成部分，是以人为主体，以水和水事活动为载体，以人与水的关系为纽带形成的文化样态，是人类在社会生活的各方面围绕水而相互联系的过程中创造的精神财富和物质财富的总和。不同民族的水文化既有共性，又有地域性、民族性、独特性和不可替代性。

水文化的内容博大精深。有研究者认为，水文化是水信仰、水技术和水制度共同构建而成的一个文化系统，其中水信仰是核心要素。还有学者认为，水文化既包含精神形态的水文化，也包含物质形态的水文化，此外，还包括界于精神形态和物质形态之间的制度形态水文化。总之，文化是千姿百态的，水文化也同样如此。时代不同，地域不同，人群不同，水文化也表现出各种各样的形态。中国最早的思想家和哲学家老子说："水善利万物而不争。"《管子·水地》说："水者何也？万物之本原也，诸生之宗室也。"我们耳熟能详的名言名句如"仁者乐山，智者乐水""山不在高，有仙则名。水不在深，有龙则灵""子在川上曰，逝者如斯夫"等，无不代表了文人雅士对水的深刻哲思和浪漫情怀。在中国汉文化中，水被文人赋予了强烈的文化意义，或承载诗情画意，或被借喻伦理道德、治国理政、为人品性、人生态度。自古以来，五岳四渎，放志于山水就是中国古代文人重要的生活情趣。

但水文化不仅仅是审美和情趣，更与现实的生产生活密切相关，甚至与信仰相关。不管是什么样的生计方式，渔猎、游牧、农耕都离不开水。尤其在农业社会，水是水利灌溉体系和水管理体系的核心和焦点，甚至可能引发使用权的争夺、冲突和战争。在精神层面，水文化往往体现为各民族口头和文字流传的水神话传说、水信仰和风俗节庆。如华夏神话中的盘古开天辟地、共工怒触不周山、女娲补天、精卫填海、大禹治水等，这些生动离奇的水神话叙事无不表达了先民与水相关的文化观念和宗教信仰。

在中国各省区中，要论少数民族种类，数云南最多。若论我国特有民族，最多的省份也非云南莫属。除汉族之外，云南世居少数民族中人口在 5000 人以上的就有彝族、白族、哈尼族、傣族、苗族、傈僳族、回族等共 25 个。其中，有 15 个少数民族为云南特有的少数民族，即白族、哈尼族、傣族、傈僳族、佤族、拉祜族、纳西族、景颇族、布朗族、普米族、阿昌族、怒族、德昂族、基诺族、独龙族；人口超过 100 万的少数民族有彝族、哈尼族、白族、傣族、壮族、苗族共 6 个。据统计，少数民族人口已超过全省总人口的 1/3，是全国少数民族人口超过千万的三省区（广西、云南、贵州）之一。云南少数民族分布具有大杂居与小聚居交错的特点，居住地大多为边疆和山区。有的民族一部分有固定的聚居区，一部分与其他民族杂居；有的民族集中居住于一个州市，甚至一个县或一个乡；有的民族散居于城镇和交通沿线，有的民族以村寨聚居。在云南全省，没有一个单一民族仅居住在一个县，比如回族、彝族在全省大多数县均有分布。

在 21 世纪，现代化进程已经席卷全球，在很多发达地区，传统文化已经消失或正在消失，传统水文化也同样如此。不过，正因为地处边疆，云南 25 个世居少数民族的全球化和现代化发展步伐较缓，某些别具特色的传统物质水文化、精神水文化、制度水文化，或说是水信仰、水技术、水制度得以保留，展现出强烈的地方性和民族性，尤其是各民族的水神祭祀仪式及社会习俗，如祈雨仪式、谢雨仪式、龙王祭祀仪式，以及广为人知的端午节、泼水节等，至今仍彰显出顽强的生命力。

第二节　六大水系

云南，简称“云”或“滇”，地处中国西南边疆，东与贵州、广西为邻，北与四川相邻，西北部紧邻西藏，西与缅甸接壤，南与老挝、越南毗邻，总面积 39.41 万平方千米。云南地形极其复杂，属于中国地势第二阶梯[①]，西北高，东南低，自北向南呈阶梯状逐级下降，属山地高原地形，大体上，西北部是高山深谷的横断山区，东部和南部是云贵高原，山地面积竟占全省总面积的 88.64%。截至 2022 年底，云南省下辖有 16 个地级行政区、8 个自治州，共 129 个县级区划，常住人口 4693 万人。

云南的确是一片神奇的土地，不但是动植物王国，还是水资源王国，多高山峡谷，多河流湖泊。江河湖泊是各民族的母亲河和母亲湖，润泽着各族人民在流域间迁徙繁衍，创造了灿烂的水文化。云南水资源丰富，最具代表性的主要有伊洛瓦底江（云南境内称为独龙江）、澜

---

① 我国地势西高东低，大致呈三级阶梯。第一级阶梯：我国西南部的青藏高原，平均海拔在 4000 米以上，号称“世界屋脊”。包括：青藏高原、柴达木盆地。第二级阶梯：在青藏高原边缘的以东和以北，是一系列宽广的高原和巨大的盆地，海拔下降到 1000—2000 米。包括：准噶尔盆地、塔里木盆地、四川盆地、内蒙古高原、黄土高原、云贵高原。第三级阶梯：在我国东部，主要是丘陵和平原分布区，大部分地区海拔在 500 米以下。包括：东北平原、华北平原、长江中下游平原、辽东丘陵、山东丘陵、东南丘陵。第一、二级阶梯的分界线：西起昆仑山山脉，经祁连山山脉向东南到横断山脉东缘。第二、三级阶梯的分界线：由东北向西南依次是大兴安岭、太行山、巫山、雪峰山。一般认为云南省位于第二级阶梯上。

沧江、怒江、金沙江、南盘江、元江六大水系，并拥有面积超过30平方千米的九大湖泊，此外，还得天独厚地存在金沙江、澜沧江和怒江三江并流（也有纳入独龙江合称四江并流的说法）的奇景。

云南六大过境水系分别注入三海和三湾：安达曼海、东海、南海、莫塔马湾、孟加拉湾、北部湾；归入两大洋：太平洋和印度洋。六大水系中，只有南盘江和元江的源头在云南境内，其余水系均为发端于青藏高原的过境河流。金沙江水系属于长江流域，南盘江水系属于珠江流域，二者都为国内河流；伊洛瓦底江和怒江、澜沧江、元江皆为国际河流，蜿蜒流经老挝、缅甸、泰国、柬埔寨、越南诸国再徐徐入海。伊洛瓦底江在云南境内河段被称为独龙江，澜沧江出境外被称为湄公河，元江出境进入越南后称为红河，怒江出境后流入缅甸后被称为萨尔温江。浩浩荡荡的云南水系有两个特点：一是组合复杂；二是与国内多数江河由西向东的流向不同，云南江河流向的特点是由北向南流。

伊洛瓦底江的名字来源于一个古老的传说。据说，古代有位雨神名叫伊洛瓦底，他最喜欢一头白象，白象喷水形成了大江，因此就以雨神的名字为江命名。伊洛瓦底江有东、西两支河源，在中国境内的东源称为独龙江，发源于西藏察隅地区的南部山麓，另外有数条较小的支流发源于云南省德宏傣族景颇族自治州。美丽的独龙江流经云南省贡山独龙族怒族自治县西境，之后折转向西南，进入缅甸后过贾冈南流，与南塔迈河汇合后，改称恩梅开江；再往南流，与迈立开江汇合后，才称为伊洛瓦底江。独龙江畔主要生活着独龙族、怒族、藏族、傈僳族人民，交通闭塞，经济落后，保存着较为原始的信仰和文化。如独龙族，仍流传着洪水起源神话“洪水滔天”，相信万物有灵，盛行祭鬼和祭天，也有部分群众信仰天主教。

青藏高原唐古拉山南麓是怒江的发源地。怒江从河源至入海口全长

3240千米，中国部分2013千米，其中云南段长650千米。在藏语里，怒江上游被称为“那曲河”，流至西藏昌都附近后，转向南流，急流汹涌，穿行于怒山和高黎贡山之间，几乎与澜沧江平行。怒江一路奔腾，流经怒江傈僳族自治州、保山市和德宏傣族景颇族自治州，又行至云南省保山市的张赛附近，进入缅甸，然后被改称为萨尔温江，最后注入了印度洋的安达曼海。怒江流域在西藏境内基本为牧区，畜牧业比较发达，在云南境内为农牧混合区，耕地多分布在河谷地带，物产丰富，盛产水稻、棉花、甘蔗和果类，是粮产区和经济作物区，分布着傈僳族、怒族、独龙族、汉族、白族、普米族、纳西族、彝族、藏族、傣族等多个少数民族。

澜沧江藏语称为“拉楚”，意为“獐子河”，发源于青海省玉树藏族自治州的杂多县西北吉富山麓扎阿曲的谷涌曲，享有世界第七长河、亚洲第三长河、东南亚第一长河的盛誉。主干流总长度4909千米，在中国境内一路流经青海、西藏和云南三省（自治区），云南境内流经迪庆、怒江、大理、保山、临沧、普洱、西双版纳，在西双版纳傣族自治州勐腊县出境后，成为缅甸和老挝的界河，始称为“湄公河”，之后又流经老挝、缅甸、泰国、柬埔寨和越南，最后经由越南胡志明市流入中国南海。澜沧江沿岸生活着藏族、普米族、傈僳族、彝族、白族、苗族、德昂族、佤族、布朗族人民。傈僳族流传着一个关于澜沧江的美丽传说：古时在青藏高原，有美丽的姐妹俩，姐姐叫怒江，妹妹叫澜沧江。怒江爱上了一个叫大海的小伙子，大海志气高远，决心到南方游历三年再回来。但三年后，大海迟迟未归。为了寻找大海，怒江和澜沧江一路南行，忽快忽慢，所以怒江上游水流湍急，下游水流缓慢；澜沧江则相反，上游水流缓慢，下游水流湍急。最后她俩终于和大海会合，过上了幸福的日子。

川流不息的金沙江发源于海拔高达6621米的青藏高原唐古拉山脉

主峰格拉丹冬雪山西南侧的姜根迪如雪山，正源称为沱沱河（蒙语意为“红河”）。金沙江在云南省德钦县东北德拉附近流入迪庆州、丽江市、大理州，在云南境内有2000多千米。金沙江沿岸峰峦高耸，河谷幽深，生活着藏族、纳西族、白族、彝族、壮族、傣族、傈僳族、汉族等各族人民。传说金沙江是一位美丽的姑娘，与澜沧江、怒江是三姐妹，大姐是澜沧江，二姐是怒江，金沙江是小妹。玉龙雪山和哈巴雪山爱上了金沙江，但金沙江爱的却是东海龙王。两座雪山和金沙江之间发生了一番有趣的情感纠缠，造就了雪山现在的模样和大江的曲折流向。

元江发源于云南省西部哀牢山东麓大理白族自治州巍山县境内，上源称为礼社江，属东南流向，与左岸支流的绿汁江汇合后称为元江，又称为戛洒江，滔滔流经河口瑶族自治县，进入越南后称为红河。元江全程天然落差2519米，在云南境内长达692千米，流域面积7.9万平方千米，在国境内的多年平均径流量为484亿立方米，水能资源十分丰富。自古以来，元江就是一条民族迁徙大走廊，在河谷地区居住着汉族、哈尼族、彝族、傣族、拉祜族等多个民族，他们在元江两岸繁衍生息，在漫长的历史中，发展了丰富多彩的水信仰，总结出一整套成熟的水技术和水制度，创造了特色鲜明、壮丽神奇的梯田文化。

南盘江属于珠江河段，发源自云贵高原乌蒙山系的马雄山，全程重山复水，流经中国中西部6省区及越南北部，在下游分别从8个入海口注入南海。南盘江及其支流在云南境内流经地区有沾益、曲靖、陆良、宜良、开远、罗平、泸西、砚山、建水、蒙自、丘北、澄江、路南、富源、石屏、江川、华宁、通海、峨山、弥勒、广南、师宗等地，流域内还星星般散布着波光闪耀的湖泊，如阳宗海、抚仙湖、杞麓湖、星云湖、异龙湖等，湖畔生活着布依族、苗族、彝族等众多能歌善舞的少数民族。

水象征着灵性和生命力。大江大河在云南的高山峡谷之间流淌，不分昼夜，时而雷霆万钧，时而轻吟缓唱，为这片土地赋予了更深沉的诗性。云南横断山区三江并流的壮丽景观就是最动人的篇章。三江并流由金沙江、澜沧江和怒江（也有学者提出，该区域实为四江并流：金沙江、澜沧江、怒江以及独龙江）及其流域内的山脉组成，上部在西藏东南部，下部在云南省，云南境内共包括了迪庆藏族自治州、丽江市、怒江傈僳族自治州的10个风景名胜区和9个自然保护区。这3条大江共同发源于青藏高原，似乎彼此有着神秘的相约呼应，在云南省境内自北向南并行奔流了170多千米，一路穿越担当力卡山、高黎贡山、怒山和云岭等崇山峻岭，流域狭长，江水湍急，形成举世罕见的“江水并流而不交汇”的奇特自然地理景观。其中澜沧江与金沙江直线距离最短处仅为66千米，澜沧江与怒江的直线距离最短处竟然不到19千米。

地处东亚、南亚和青藏高原三大地理区域交汇处的三江并流区，不但是世界上罕见的高山地貌及其演化代表地区，也是世界上生物物种最为丰富的地区之一，同时又是非常重要的文化多样性地区，共有16个民族在此聚居，形成了多民族、多语言、多宗教信仰文化和多风俗习惯并存的多元文化典型区域。关于三江并流的神话传说，尽管版本不同，但大多讲述三条大江为美丽的三姐妹，三姐妹与哈巴雪山、玉龙雪山和大海之间有着曲折动人的情感故事。在这些故事中，江河同时闪耀着自然性、人性和神性的光芒。在此区域内，各民族的水信仰、水技术和水制度，确是丰富至极。

云南有山，有江，还有湖。云南省是中国天然湖泊最多的省份之一，面积大于1平方千米的湖泊有37个，其中大于30平方千米的有9个，称为九大湖泊，包括滇池、洱海、抚仙湖、程海、泸沽湖、杞麓湖、异龙湖、星云湖、阳宗海，分别分布于滇中、滇南、滇西和滇西北。其中，滇池、程海和泸沽湖属长江水系，抚仙湖、杞麓湖、异龙湖、星云湖和阳宗海属珠江水系，洱海属澜沧江水系。在湖泊周边的平坝和山地生活的各少数民族，依水绵延，从洪荒时代走到今天，创造了丰富的水文化。

除了纵横交错的六大水系和碧波荡漾的九大湖泊，云南大地上还分布着数不清的瀑布泉潭、湿地、人工沟渠、水井等，它们在大地和森林中呼吸吐纳，如果你细细体会，就能够从水的流动中感受到大自然的节奏和韵律。有的湖泊虽然不大，但风光神秘，景致优美，往往还有着动人的传说，吸引着游客寻幽探奇。如迪庆州著名的雨崩村冰湖，不仅是当地人的圣湖，也是旅行的圣地，不但给人以感官的震撼，带来审美的愉悦，更能帮助心灵净化和升华。此外，著名的拉市海、纳帕海等高原湖泊、湿地，不但是当地各民族生产生活的重要资源，而且具有重要的审美意义和信仰的神圣性，是人们精神文化的依止和源泉。

第三节　与水相关的信仰

在传统的少数民族水文化中，水信仰是最核心的要素。水信仰包括神话传说、宗教信仰、祭祀仪式，还包括由信仰而衍生的相关习俗。

一、水神话

水不只是人们生产生活的物质资源，早在荒蛮时代就融入了人类精神世界。人们在陶罐上绘上各种各样的水纹，老人在火塘边述说关于洪水的神话，祭师在水神前载歌载舞，祈求风调雨顺。水在漫长的历史中曾经是动态的图腾，集体生命的象征，人们把这种信仰和情感融入了洪水神话，以及与水相关的人类起源故事、民间传说中。

世界各大文明最初都是依托水源河流逐步发展形成的，因此诞生了很多与水相关的神话，最直接的体现就是水神传说和信仰。本书讨论的水神指的是与水相关的神灵，范围广泛，包括司水之神，海神、河神、泉水溪流神，也包括风雨雷电神灵，以及很多被赋予部分司雨管水职能的其他神灵。

中国神话中最著名的水神是共工，传说共工人面蛇身红发，因怒撞不周山导致天塌西北，地陷东南，改变了神州大地的地形，使得天下水系皆向东流入大海。水对人类的影响有积极的一面，同时也有消极的一面。水不仅孕育生命和文明，也能毁灭生命和文明，共工主要是作为可以毁灭世界的洪水水神而存在，象征着中国人对水可利万物又可毁万物的特征的辩证认知，体现着中国人对水爱恨交织、敬畏有加的复杂情感。

古希腊神话中的海神有很多，占据主导地位的是波塞冬，他统治海洋，也象征着风暴、地震、洪水等，作为海神和水神的属性，是水的灾难特征的体现。中国和古希腊的神话中的这两位水神都体现了水毁灭性的一面，而古埃及神话则突出水孕育生命的一面。古埃及神话中的水神努恩，名字含义为原初混沌之水，在原初之水中，诞生了古埃及神话世界和众神。努恩神话的源头据说与尼罗河的泛滥有关，当洪水退去，土地万物重新显露，象征着新生。

中国远古时期水神除了共工，还有另一位称为“玄冥”。据《左传》载：“木正曰句芒，火正曰祝融，金正曰蓐收，水正曰玄冥，土正曰后土。”这里的“水正”就是神仙体系里司水的官吏，即是水神。同共工一样，玄冥形象较为怪异。因为玄冥是水神，而冬季在五行中属水，所以古人又以玄冥为四季中的冬季之神。《礼记》说，冬季其神玄冥，冬季在五行中对应北方，所以古人又以玄冥为北方之神。道教尊奉的三官大帝——天官、地官和水官，在道教的神仙谱系中占有非常重要的地位。水官又叫下元三品解厄水官，洞阴大帝，传说水官是由风泽之气和晨浩之精结成，他的职责是统领水中所有水神，比如四渎源王——黄河灵源弘济王、长江广源顺济王、淮河长源博济王、济水清源菩济王都归其管辖。古代中国神话传说中的司水之神还有河伯和南海之神祝融，东海之神苟芒，以及北海之神玄冥，西海之神蓐收，长江之神奇相，甚至包括黄河之神冰夷，都江堰之神李冰，等等。常见的水神象征有河童、龙、蛇等动物。道教认为，东南西北四海有四海龙王，此外还有五方龙王、诸天龙王、江河龙王等说法。人们还认为，天庭掌管降雨的神仙是雷公、电母、风婆、龙王。因为龙能行云布雨、消灾降福，一般象征祥瑞，所以民间往往以舞龙的方式来祈求风调雨顺，庄稼丰收。

有水神就有相应的祭祀。对农耕民族来说，水能左右收获状况，所以民间往往将水神与田神共祀。山林往往是水源地，所以祭祀水神也会跟山神联结。日常生活用的水，则在水井、汲水之处祭拜水神。总之，水神话曾经在全世界普遍存在，云南少数民族地区也同样如此。

水与一个民族最初的记忆深深地联系在一起。在傣族传说中，宇宙及人间万物都起源于水，天神用水和其他物质相混创造了包括人类在内的大地万物。纳西族神话中，兄妹通婚激怒了天神，因此引发了大洪水。在基诺族的洪水神话中，基诺族、哈尼族、傣族、彝族和汉族在大洪水来临时从葫芦里逃生。藏族、傣族、哈尼族都有世界源于水的传说。除了洪水创世神话，人类还有关于江河和湖泊水神的种种传说，这些与水相关的神话可以统称为水神话。实际上，水神话是普遍存在于人类社会的一种典型神话。

中国中原地区的水神话有很多与治理洪水相关。传说中有一位叫作巨灵（又名九原真母）的河神，本领非常大，能够建造山川，使江河改道，曾经改造过黄河河道，被道家奉为造物主。还有一个传说，当天地刚刚建起来的时候，大地就遭到了洪水的肆虐，天神派遣了巨人朴父和他的妻子一同去治理洪水。这对夫妻本领非常大，他们个子有千里之高，腰围差不多和身子相当，但在治理洪水的过程中十分马虎，许多年都没有把洪水治理好，使得洪水继续肆虐。天神恼怒，罢免了他们，并给予处罚。在中国神话传说中，真正使天下洪水得到治理的是大禹，大禹因为治理天下水患而受到万民拥戴，成为夏朝开国君主。

但是在云南少数民族的洪水传说中，治理洪水的英雄故事并不多。大量的神话故事主要讲述大洪水以后人类怎样繁衍生息，如一些人在洪水中乘坐葫芦、瓜、铁箱子、大鼓等逃生工具躲过洪水，然后重新开始繁衍。这其中大量的故事都叙述洪水中幸存一对兄妹，兄妹成婚以后繁衍后代成了今天的人类。这是云南少数民族水神话与以汉族为代表的中原水神话的不同之处。

在云南少数民族的洪水神话中，有各种各样的洪水起因。在纳西族、傈僳族等民族的洪水传说中，导致洪水泛滥的原因主要是天神惩罚人类恶行，而苗族等民族中往往又认为是因为一些动物的过失或动物为了拯救地球惹怒了天神而导致洪水泛滥。在景颇族等民族神话中，洪水的来源是因为恶魔作乱。有的民族神话反映大洪水出现之前的世界是一个人类与自然万物相通的时代，可称为人、鬼、神共居时代。而有的民族洪水神话则反映的是洪水之前人类世界是一个混乱的世界，只有在洪水以后人类才真正繁衍起来。这些神话反映了人们对水神的认知：水神具有主宰人类生活的能力，有善恶两面，既可以肆虐大地、祸害人类，又可以滋润大地，给人们带来风调雨顺。下面以几个具体民族为例。

（一）怒族

怒族主要聚居于云南省怒江傈僳族自治州的泸水（原碧江县）、福贡、贡山独龙族怒族自治县、兰坪白族普米族自治县，以及迪庆藏族自治州的维西县和西藏自治区的察隅县等地。贡山县怒族《创世纪》故事说，讷拉格波天神以他的意愿创造了天地万物、飞禽走兽，那时没有人类，但是有很多猴子。后来，有些猴子变成了人类，学会了吃熟食、用火种，其他动物就躲进了森林，人与动物分开了。再后来，人越来越多，有天人、地上人、地下人，天地的距离很近。那时，大地中间有架活木梯，四周有柱子，方便地上地下来往交通。但是，后来地上人把洗衣服的脏水倒向地下，污染了地下，地下人就把路堵死了。在这个故事里，因为水污染了土地，导致了地上人与地下人之间断绝联系。

在《雷和电的来历》的故事里，古时鬼很多，会吃人，还教唆人咒骂天神。天神动怒，让洪水从天而降，淹死了鬼人和生灵。《射太阳月亮》神话中说，太古时天地相连，举手可以摸天。后来，巨人将天地分开，不料洪水滔天。《腊普和亚妮》中说，天地是他俩开辟的，人类是他俩在战胜洪水后兄妹婚配繁衍下来的。他们生的儿女无法婚配，就和会说话的动物相配，产生了蛇氏族、鱼氏族等氏族人的祖先。后来又兄妹婚配，生下 7 儿 7 女，再互相婚配，住到 7 条江边。第一对即怒族人的祖先，第二对即独龙人的祖先，第三对即汉人的祖先，第四对即藏族人的祖先，第五对即白族人的祖先，第六对即傈僳人的祖先，第七对即纳西人的祖先。人类就这样逐渐繁衍起来了。[①]

（二）基诺族

基诺族主要生活在云南省西双版纳傣族自治州景洪市基诺山基诺族民族乡及四邻的勐旺、勐养、勐罕，勐腊县的勐仑、象明也散居着少量基诺族。1979 年，基诺族被正式认定为单一民族，根据《中国统计年鉴 2021》，基诺族的人口数为 26025 人。传说中基诺族也遇到过一场

---

① 参见攸延春：《怒族文学简史》，云南民族出版社 2003 年版，第 20 页。

大洪水。在洪水泛滥以前，白天出现了7个太阳，夜里出现了7个月亮，一直晒了7天7夜，动植物都被晒死了。后来，火焰升腾变成乌云，大雨倾盆而下，完全淹没了大地与人类，从而产生了巨大的洪水灾难。

（三）独龙族

独龙族主要分布于云南省西北部的怒江傈僳族自治州贡山独龙族怒族自治县西部的独龙江峡谷两岸和北部的怒江两岸，以及相邻的维西傈僳族自治县齐乐乡和西藏自治区察隅县察瓦洛等地，在缅甸境内也有不少独龙人居住。独龙族神话传说，在洪水泛滥之前，人类已经生存在大地上，种地、生产、结婚、繁衍子孙。人和鬼怪共同生活在一个世界上，人的孩子由鬼怪“布兰”带大，而“布兰”的孩子则由人来带，人帮鬼怪“布兰”带94孩子个个都能长大，而“布兰”帮人带孩子时则千方百计把人的孩子吃掉。这样，鬼怪“布兰”越来越多，人越来越少，于是人和鬼怪之间展开了艰难的斗争。终于，鬼怪被人间的猎人射死，尸体被抛入江中；鬼怪的尸体在江中突然发胀，把江水全给堵住了，引起了洪水暴发，向四面倾泻，把地上的一切都淹没了。

（四）景颇族

景颇族主要生活在云南省德宏傣族景颇族自治州山区，少量居住在怒江傈僳族自治州与缅甸克钦邦接壤地区。据研究，景颇族的来源很可能与青藏高原上古代氐羌人有关，共有“景颇”“载瓦”“勒赤”“浪峨”“波拉”5个支系，缅甸境内的大部分克钦族支系与中国境内的景颇族、傈僳族有极深的渊源。根据《中国统计年鉴2021》，景颇族人口数为160471人。

景颇族的创世纪神话传说讲述道，在大洪水以前，已经有一个人、神、鬼、自然、动物、植物等共同生存的世界，而这一切都是由造物主宁贯娃创造的。宁贯娃原来居住在高高的太阳山上。过去，世界没有天，也没有地，更没有万物，一切都是混乱的。于是，宁贯娃花了很大的力气造了天、造了地，并且打造了大地上的平坝与高山，在平坝上开辟了9条大江。当大地造好以后，他感觉很寂寞，又照着自己的样子用泥土捏了很多小泥人，有男有女。小泥人放到地上就成了活人，和他一样高，他便把一男一女配成对，让他们一户一户过日子，并且又用泥捏了很多鸡、鸭、牛、马、狮、虎等飞禽走兽，让野兽在林间嬉耍，鱼儿在水中游玩，小鸟在天空飞翔，使大地充满了生机。但同时他也造出了一个恶魔，这个恶魔就是后来使大地被洪水淹没的罪魁祸首。

（五）傈僳族

傈僳族主要分布于中国云南、西藏与缅甸克钦交界地区的怒江、恩梅开江（伊洛瓦底江支流）流域地区，其余散居于云南其他地区、印度东北地区以及泰国与缅甸交界地区，根据《中国统计年鉴2021》，中国境内傈僳族的人口数为762996人。

在傈僳族的创世纪神话中，洪水泛滥以前，女神不仅创造了天地，也创造了河流和峡谷，使天地合在一起，随后又造了男人和女人，造了世间万物，让人们在大地上生存繁衍，让动物和植物也能够繁衍，风调雨顺，万物茂盛生长，各种农作物几乎都同时成熟。那时候，天地之间距离很近，天上地下的人可以互相来往，人们很容易就能到达天上。由于天上生活条件比较好，人们都纷纷向天上跑。天上人多了以后，搅乱了天界，造物女神认为应该重新造人类，于是决定发洪水毁灭人类，重新造人。还有神话说，洪水是由于造物主宁贯娃与恶魔高佐洛雷之间互相争斗两天三夜造成的，恶魔高佐洛雷在临死之前施法让天河倒泄，大雨倾盆，一时间天水茫茫，大地被洪水淹没，只剩下一对在高山上放牛的姐弟看见大水淹来，急忙用牛皮做了一个大鼓漂在水上才得以幸存。

（六）德昂族

德昂族又称“崩龙族”，是中缅交界地区的山地少数民族，根据《中国统计年鉴 2021》，德昂族的人口数为 22354 人。德昂族是一个典型的大分散小聚居的民族，分布范围非常广，中国主要分布在云南省德宏、保山、临沧 3 个地州 9 个县市，缅甸主要分布在掸邦、克钦邦等地。在德昂族的神话传说中，螃蟹是水的娘，螃蟹不高兴的时候，它走到哪里水就发到哪里，人和动物都会被淹死。

关于大洪水的神话存在于多个民族中，数不胜数。在苗族的神话传说中，远古时，有一段时期，一连 7 年天上没有一朵云，没下过一滴雨，天天烈日当空，将大地晒得枯焦，人也即将失去生计，于是人们托付猴子到天上去求天公降雨。天公可怜人间无雨，于是降了一些雨，而猴子看到天公不肯降更多的雨水，非常生气，于是将天宫门口放着的水缸推倒，使得整整一大缸天宫上的水都倾倒在大地上，造成大地洪水泛滥，淹没了世间万物。只有一对兄妹躲进了一个葫芦里，幸存后听从天意成婚繁衍人类。像这样兄妹两人幸存以后，通过滚实木、石磨盘等方式决定能否成婚，也就是顺天意兄妹婚配的传说，在傈僳族、怒族、彝族等很多民族中都存在。在一些民族的传说中，躲过洪水以后并不是一对兄妹从葫芦中得以生存，而是多个民族得以生存。如基诺族传说，在洪水以后，当地的哈尼族、彝族、基诺族、汉族由于一同躲在葫芦里得以逃生。在独龙族的传说中，一对兄妹在躲过洪水灾难以后，通过合磨盘、滚石头等方式顺天意，结为了夫妻，夫妻俩生了 9 男 9 女。在生孩子的那个晚上，夫妻俩在山头上倒了一桶水，这桶水流下去成了 9 条江，而九对兄妹长大以后，大哥和大姐住在东方的一条江边，成了汉族；二哥和二姐住到怒江边上，成了怒族；三哥和三姐来到独龙江边，成了独龙族；其他兄弟姐妹住到其他 6 条江边，分别成为其他 6 个民族。

在一些民族的传说中，世界万物本来就是由水而来，或者是由神灵用水创造的。在傣族的神话传说中，世间万物都是其神话人物帕雅英用水与自己身上的排泄物创造的。藏族的水神话讲述道，天地未形成时什么也没有，后来才逐渐出现了大海，在海面上飘着迷蒙的雾气，四面八方刮着大风，雾气和大风使大海中出现了许多硬块，这些硬块集在一起便形成了大地。海中还出现了一条巨大的鲜鱼，钻到海底将大地背在自己的背上。有了大地之后，最先出现了山和树，然后天神再造人类以及动物、植物等。在这个传说中，大地和人类都来源于大海，来源于水，是水、雾和大风最终创造了大地和人类。

红河流域的哈尼族创世纪神话说，在世界初始时，天地之间仅有一片汪洋大海，在汪洋大海中的雾气中生出了鱼和水生物，最后再由水生物生出人类。有的哈尼族神话传说，在远古时期，天地之间有三股水：一股是甜水，变成了山泉水；一股是咸水，就是海水；一股是淡水，也就是江河水。同时，哈尼族还认为，天上有一个天池，天池里有一条与大地相连的神秘水沟，时刻将天池中的生灵之水送往人间。

二、祭祀仪式

因为水利和水患，古时候人们普遍相信水由神灵控制，有益于人类，也可能带来危害和灾难，人们认为河流、湖泊、井水、泉眼、溪流、池潭、水源，乃至于人工修建的水井和沟渠都有神灵居住，水是神灵的家园。也有些文化直接把水等同于神灵本身，如说水是龙的身体。在传统水神信仰中，人们认为，人类对涉水神灵的态度会影响到神灵的好恶，从而导致影响人类的生产、生活，由此产生了对水的祭祀。祭祀的对象或是水本身，或是没有具体形态的水神，或是有具体形态的水神，祭祀的仪式则是多种多样的。

丽江纳西族相信超自然精灵“署”掌管着山林河湖和野生动物，并

2010年9月大理白族莲池会妇女在洱海边念诵《龙王经》（沈玉菲 摄）

有规模庞大的“祭署”仪式。他们认为，河里的鱼和青蛙是属于“署”神的下属，不能捕捉它们；河边的树木是“署”神歇息的地方，不能砍伐；人类如果污染泉溪河湖，就会冒犯“署”，受到大自然的报复。如果遇到特大的干旱年，县或乡会组织大规模的“求雨会”，请数十个东巴举行三至五天大规模的“祭署”仪式。而且，纳西族东巴教认为，人与水存在“欠债”和“还债”的关系。东巴经《超度放牧牦牛、马和绵羊的人·燃灯和迎接畜神》中说：“死者上去时，偿还曾抚育他（她）的树木、流水、山谷、道路、桥梁、田坝、沟渠等的欠债。”[①] 纳西族不仅有对“署”的传统信仰，还因受汉文化的影响有对龙的信仰，盛行修建

① 杨福泉：《略论纳西族的生态伦理观》，《云南民族大学学报》（哲学社会科学版）2008年第1期。

龙王庙、赶龙王会等活动。

大理剑川白族也普遍存在着龙王信仰。2017 年春，因久旱无雨，笔者亲见了当地阿吒力教、朵兮波教带领信众共同向龙王祈雨的仪式。对龙的信仰反映在各种各样的宗教仪式中，如阿吒力教在超度仪式中，不但要去龙潭取水洒净，还要为四海龙王剪出特别形制的纸衣。在他们的传统观念里，龙潭的水才是洁净的，是神圣的。

水对于哈尼族来说是非常重要的生产生活来源。在他们居住的地方，对水进行祭祀是很普遍的现象。不管什么村寨，往往都相信水源和水井、河流、河沟等的神圣性，要在一定的时间统一举行全村性的祭祀活动。祭祀时，要隆重准备鸡、猪等肉类和糖果糕点等祭品，由村中巫师主持祭祀仪式，念诵有关敬畏水神、乞求水神保佑水源充足、祈祷五谷丰登的祭词。不过，不同村寨的祭祀时间、次数等细节有一定的差异，有的地方一年一祭，有的地方一年两祭，但是无论如何，按照传统，有水井的村寨每年都要举行祭祀水井的仪式。在祭祀之日，各家各户都要派出代表，到水井边先将周围环境打扫干净，再供上各种精美的肉食和糕点等供品，插上香，用松树枝或竹叶清扫水井周围，然后由村中的长老或巫师带领全村进行集体祭祀，向水神念祷告祭词，祈求水神保佑水源充足、水质洁净、人们饮水之后能够健康，所有的祈求无不表达了人们对生活中与水相关的内容的美好渴盼。除全寨性的对水神进行集体祭祀活动外，各个家庭也要为自己家稻田中的水沟神或稻田中有水泉涌出的水泉神举行不定期的祭祀仪式，有的家庭在每年播种前及收获后都要进行严肃的祭祀。

佤族人民往往居住在半坡地区，村寨中一般没有水井和河流，生活用水依赖竹子搭成的水槽。他们从山上的泉水出口处将泉水引入村寨。因此，对于各村寨来说，每年修补水槽并祭祀水神是一项重要的仪式活动。每年年底，全寨村民都要出工出力，共同修补水槽，并对水神进行神圣祭祀。人们认为水槽里居住着水神，祭祀水神能够保佑水流通畅，一年四季清水不断。修补水槽和祭祀水神的程序在每个村寨都需要历经多天，一般来说，流程如下：第一天，每家出人到村寨外修补水槽，有的水槽长达七八千米；第二天，砍伐竹子对村寨内的水槽进行修补；第三天，可能请祭师看鸡卦，通过鸡卦预测这一年水槽是否畅通，水量是否充足，随后举行隆重的祭祀仪式，乞求水神保佑当年水源畅通、充足。在祭祀活动结束的时候，全村还会举行传统的重大节庆活动——“拉木鼓”。总之，人们将祭祀水神和修复水槽作为一个重要的仪式和节日，在修复结束后全村人热烈欢庆，通宵达旦地唱歌跳舞，尽情吃喝。

水渠对于稻作民族傣族的生产生活非常重要。过去，傣族村寨每年都要组织村民修复灌溉水渠，然后，村寨头人带领全村杀鸡甚至杀猪祭祀水沟神，乞求水沟神保佑水沟畅通、水源充足，保佑人们的生产灌溉顺利，稻谷丰产。

对水源的敬畏是水信仰的重要体现。水源是出水处，具有强烈的神秘性。各民族往往对森林中的水源林特别加以保护，如基诺族每年都要对各村寨的水源林进行祭祀，祭祀的时候要供奉鸡以及各种果品、食品，然后跪拜敬香。在纳西族中，每年都要由巫师东巴带领，在水源出水口举行不同形式的祭祀活动。很多民族将水源出水口称为“龙潭”，不仅每年祭祀，在龙潭边还要建盖庙宇供奉龙王。

在宗教仪式中，水往往还被视作神圣的物质，认为可以洁净身心。如临沧、西双版纳等地区的傣族每年新年第一个重要的活动就是用清水浴佛。在赕佛活动中，要通过滴水仪式来表达美好的愿望。丽江石鼓镇的普米族认为通过对水神的乞求可获得财富，因此人们在大年初一要到龙潭边祭祀龙神，向龙神乞求人丁兴旺、牲畜肥壮、粮食丰收。

除了祭祀仪式，水信仰还包括对水的特殊禁忌。墨江哈尼族自治县的哈尼族忌讳狗在水井边洗澡，据说狗在水井边洗澡后，水潭和水井就会干涸，从此不再出水。傣族忌讳妇女在水井边洗澡。此外，水信仰还与艺术相结合，使水文化更加丰富多彩。有很多民族将水井装饰得很漂亮，傣族在水井上面建盖漂亮的房子，有时建盖成佛塔的形状，有时建盖成房屋的形状，有时则建盖成龙头的形状，总之，不让水井裸露在自然的环境中，甚至要将其美化和神圣化，以表达内心的敬畏。

水还与人生礼仪密切联系。如藏族、普米族等结婚前要选择清澈的河流、湖泊进行庄重的沐浴，人去世后要用清水洗涤遗体，然后才埋葬或火化。这些行为体现了人类对洁净的本能追求和对水的崇拜。哈尼族、德昂族、纳西族、藏族及滇中的汉族有在新年的第一天取新水的习俗，往往以谁家能够取到新年第一桶水为自豪。文山的壮族取回新水后，还要在门前燃放 12 个特制的大鞭炮，以示新春入门、吉祥如意。

值得注意的是，各民族赋予水的神圣性是多层次多面向的，原始水信仰往往与各种宗教观念相结合，形成新的面貌。大理地区的白族认为有八地菩萨化现的 72 条龙护持着鸡足山。在藏传佛教地区，笔者曾经在高山上看到一个清澈的小水塘，同行的喇嘛说，这水不能动，否则天上会打雷。云南藏地有的高原湖泊甚至被认为是某些佛菩萨的寄魂处。总之，云南少数民族的水信仰是一座无穷无尽的精神文化宝库，只要去探索，总会有新的发现和惊喜。

第四节　水技术和水制度

任何生命的存在都离不开水。无论是荒蛮时代还是现代社会，无论是农耕文明还是渔牧生活，人类的生存发展都与水息息相关。站在人类的立场上，人与水是永恒的生命共同体，水可以离开人类独立存在，但人类却不可离开水。在历史上，很多民族曾经沿江河频繁迁徙，因为河流既是地区之间的界限，也是彼此来往的通道。例如在云南，傣族和壮族等以种植水稻为生，他们逐水而居，分布在澜沧江、金沙江、怒江等流域，便于水稻灌溉。不仅仅种植水稻的民族和地区依赖水，哪怕居住在山区的瑶族、彝族、哈尼族、基诺族是山地作业，即便不需要依靠灌溉解决种植问题，但建寨之初也要慎重考虑生活用水。水实在是生存之必需。如山区基诺族，要在河沟里捞鱼捕虾，包括鱼虾、螃蟹、蜗牛、青苔、蕨类植物等，都是他们重要的食物补充。而居住在湖泊附近的人群，生计方式是多元化的，可能既种植水稻，也进行渔业，还要采摘水生植物等。总之，水作为组成世界和构成生命的基本元素之一，没有任何人可以离得开。

那么，云南各少数民族是怎么样用水管水的呢？在漫长的生产生活历程中，在获取生存资料的根本动力之下，为了满足日常所需，云南各少数民族往往根据各自所处的自然地理条件，依靠群体的聪明才智，因地制宜，就地取材，发明创造了各具特色的水技术和水设施，同时，也形成了整套关于水利用、水源保护以及管理的规范和制度体系。这些规范和制度不但对于各民族的水资源利用管理、水环境保护维系起到非常重要的作用，甚至还在客观上成了构建村庄社会秩序、加强地方凝聚力的重要力量。

一、水技术

水技术是各民族对水环境采取的一系列科学合理的技术与方法，是理性用水和治水的实用技能。[①] 最基础的水技术是如何寻找水源，掘井汲水，筑坝蓄塘等。在云南很多地区，生产生活用水靠的是自然泉源，

① 参见黄龙光：《上善若水：中国西南少数民族水文化生态人类学研究》，商务印书馆 2017 年版。

人们普遍称之为龙潭。人们在一个地方发现泉眼后，往往视若珍宝，在泉眼上方建盖拱形石屋、瓦顶，或用草盖，以遮挡风雨，保持潭水洁净，并在周围植树，涵养水源，保证水源的长期持久。之所以称为龙潭，根本上在于人们的万物有灵观念，人们认为龙潭出水全因有龙在潭，本质上是龙崇拜的表现。因此，很多民族不但爱护龙潭，还往往定期举行祭龙仪式。护水不仅仅要保护水体本身，还得保护水源林。少数民族运用自己的智慧和经验，早就认识到了森林和水的密切关联。如彝族就有民谚说，有林才能育出水，有水才有家，所以，龙潭周围要遍植护水林，如万年青、榕树、龙竹等。这些树种成林较快，三五年就郁郁葱葱，能够常年持续地涵养龙潭水源，保证水源充足、水质清澈，这是人们能够生存并安居乐业的基本条件之一。

在水技术方面，各民族都有着深厚的智慧和丰富的经验。例如生活在丽江古城的纳西族长期保持着一种独特的传统用水方式，称为“三眼井”。“三眼井”就是利用地下喷涌出的泉源，按照地势高差修建成三级水潭，并且严格区分三个水潭的功能和用途，第一潭是泉水源头，水质最为清冽洁净，为饮用之水；水从第一潭溢出后流入第二潭，第二潭水质比较洁净，作为洗菜、洗涮炊具之用；水从第二潭溢出后流入第三潭，为漂洗衣物专用。最后水从第三潭排入水沟中。这样，三潭相连，各有其用。“三眼井”不仅仅是生活用水所在地，也是古城的活动中心和聚会空间。在丽江古城，凡有“三眼井”的地方，周围都会形成小型广场，栽有古树名木，除挑水、洗菜、洗衣服的人外，早晚时分，还有许多老人小孩到这里憩息玩耍，是市井生活的最佳写照。这种用水方式从古城建成至今，代代相传，无人违反。[①] 不过，近年来，这种用水方式已经改变。随着自来水网络的铺展，“三

① 参见李福军：《纳西族水崇拜习俗的文化生态学意义》，《楚雄师范学院学报》2008年第9期。

眼井”主要是作为旅游景点保存，对当地人实际生活发挥的作用已经式微。

生活饮用水可以直接取自近处的泉源，但如果泉源较远，或者为了满足田地灌溉用水需求，就必须远距离将水从泉源处输送到田地和村寨。这样一来，就需要开沟挖渠，渡水输水。最简单的技术就是根据自然的坡度，在地面用竹筒或木槽搭建渡水渠。用竹或木材的优势是可以就地取材，而且质量轻便，易搭易换，但缺陷是不耐雨水冲刷，容易腐朽。所以，更耐用的方式是开沟挖渠，当然，也增加了成本和难度。

彝族先民的水技术是比较先进发达的。云南彝族的生产方式经历了从游牧到游耕再到农耕的转变，尤其进入农耕之后，非常重视兴修水利、引水灌溉。据说，南诏时期，蒙舍诏内就筑有方圆数十里的大池对周围田地进行灌溉。历代蒙化府和土知府都十分重视农业，积极兴修水利，解决农业用水。红河元阳哈尼族的梯田沟渠体系则是少数民族水技术的杰出代表。人们往往震惊于元阳梯田的宏伟和美丽，不由得好奇哈尼族人民是怎么学会开造梯田的？在哈尼族神话里，梯田的来源是神圣的。据说，梯田是由天神派下凡的三位使者教人类修造的。三位使者分工协作，一位负责挖掘台地，一位负责修造田埂和路径，还有一位负责开沟放水。负责开沟放水的使者长着鸭嘴一样长硬的嘴，很快就开凿了一条条沟渠，放山泉水灌满田地。总之，哈尼族人民学会了开垦梯田和灌溉梯田的技术，在满山满坡修出层层梯田，建造了交错纵横的沟渠，形成了壮观的元阳梯田景观。元阳梯田不但养育了当地人民，还仿佛是雕刻在大地上的作品，不同的季节呈现不同的色彩和风光，吸引了全世界各地的人们争相一睹。据说，哈尼族小伙子只有将梯田开得漂亮，才能得到姑娘们的青睐。

傣族是沿水而居的稻作民族。在20世纪50年代以前，西双版纳的水利灌溉和管理制度已经比较完善。据统计，在景洪坝子里，当时共修造有 13 条数十千米长的水利灌溉管网，可灌溉坝子内 81 个寨子的 4 万亩水田。每年四五月雨季来临之前，宣慰司署要按例下令组织民众修整沟渠，保证水流畅通，能够顺利地完成水稻插播。各村寨在修整沟渠后，必须由水利总管进行检查和验收。检查验收的办法一般是将一个小竹筏放入水中，竹筏上放置石头以保持平衡，并用帆布和绳子拉着木筏顺沟前行。如果木筏能够顺利通过就评价为合格；不能通过就要返工，重新修整，并且罚酒一斤，罚鸡两只。有时为了简便，水利总管就扯一把野草或抓一把米糠撒进水沟，流动顺畅评为合格，流动不畅则评为不合格。①

在灌溉技术方面，西双版纳傣族有一种特别的涵管分水技术，采用的涵管是竹筒，傣语称为“南木多”。南木多一般埋在渠底上方，在水渠高度的 1/3 处，往往根据田地的实际需水量确定需要埋多少个不同口径的南木多。并且在进水口处，要安装一个用竹篾编制的活动箩筛，以防止杂物进入筒内，并且便于清理，是一种就地取材简便易行的早期涵管分水技术。这种涵管可以长期使用，没有分水时水流损坏堤基的担忧，还可以避免在渠堤上直接挖分水口造成冲蚀和破坏，起到完整保护渠堤的作用。

还有一种水技术是阻洪挡水、设塘沉沙、流水冲肥的水利设施。②无论何时何地，人类都应对洪涝灾害的方法一般分为堵塞与疏浚。在现代水利技术普及之前，堵塞洪水最简单实用的技术是固堤、修造防洪柱，同时在旁边开沟放水，减少水流对堤坝的冲击。为了防洪，各民族往往就地取材，因地制宜。哈尼族用称为“哈鲁鲁哈”的大竹笼装

---

① 参见郭家骥：《西双版纳傣族的稻作文化研究》，云南大学出版社 1998 年版，第 72 页。

② 本章水技术和水制度方面的内容主要参考黄龙光：《上善若水：中国西南少数民族水文化生态人类学研究》，商务印书馆 2017 年版。

满石头防洪。“哈鲁鲁哈”的制作方法是：把一棵竹子从顶端破开呈放射状，编织出一个直径几十厘米至一米多的大喇叭形口子，再捡拾大小不等的石头将其填满，接着把喇叭口织拢裹紧，放置在水口处、堤坝上，虽然简陋，但也能够有效地阻挡洪水，保护村寨和庄稼、河堤、坝堤。

居住在河谷地带的彝族，往往在水口处打一排木头防洪桩，防洪桩之间排开一定的间隙，中间用比较厚的竹篾片缠绕编织，底部再用大石头沉固稳定，同时还在旁边开凿一条疏通水沟，及时排水，这种方式也能有效地堵住洪水的冲击，保护流域内的村寨和水田。

哈尼族水源在山顶，梯田大多修造在山腰上，沟渠基本上都开在半山坡，坡度一般在 20° 以上。雨季里，雨水冲刷坡面，很容易引起大量泥沙冲入梯田。为了防止冲毁梯田，人们的对策是在每块梯田沟渠入口处特别地设置一个三至五平方米的沉沙塘，使随着雨水冲刷下来的泥沙能够沉积在塘内，等塘内泥沙积满了可以即刻清除，这种做法可以有效避免泥沙在梯田内大面积流散扩布，破坏梯田原有的土壤结构和肥力。[①] 即使有少量泥沙随水流冲入梯田，但经过长时间的翻耕、浸泡后会沉积到土壤底部，对土壤结构和肥力基本没有影响。

在哈尼族梯田灌溉系统中，为了增加梯田土壤的肥力，哈尼族还发明了一种利用坡度和水流冲运肥料的方法，叫作“则库腊”（“则库”意为“农家肥”，“腊”意为“搅碎拌匀用水冲走”，即冲肥的意思）。有着丰富经验的村民们根据时令，选择在秋收结束后、挖头道田和选秧栽秧前的这段时间里，抓紧时间，第一步先积极疏通沟渠，把田水留到二三指深度，整理好水田入水口。冲肥之前，先由两三个人将畜厩和平常积蓄在粪塘里沤好的农家肥、杂肥泥等挖出来，送到水流旁边，

---

① 参见黄绍文、关磊：《哈尼族梯田灌溉系统中的生态文化》，《红河学院学报》2011 年第 6 期。

一边搅拌一边用水冲走，同时还要安排一人沿沟而下，疏通堵漏，让粪水逐丘逐块地灌进田里。如果进水口被堵死，就用犁耙捅通。一块田冲过一次肥后，一般肥力能够保持三五年。冲肥不仅是增产粮食的好办法，而且也是村寨处理人畜禽便的最好方式，这种方式能够减少对环境的污染，使村寨环境保持洁净。①

从丰富的水技术上看，人民群众的智慧确实是无穷的。比较常见的水技术还包括水车提水。在清代《滇系·物产》里有记载："水车、水碾、水磨、水碓，皆巧于用水者，惟之为利尤薄，滇亦多此。"水车提灌技术充分利用水的流动性带来的水能，或者利用人力、风力、畜力等，将水从较低的位置提到较高地势。水车的制作往往就地取材，一般采用竹、木、藤等天然材料。传统的水车，主要分为"龙骨车"（又称为"翻车"）和"竹筒车"（又叫"水轮车"）两种。在云南，比较普遍的是手摇式龙骨车，这种水车体量小，容易组装，便于移动，主要分布在北起昆明、陆良，南至石屏、丘北一带，使用范围较广，广受农民欢迎。②

水轮车一般属于公有财产，有的一村有一架，也有数村共用一架水轮车的情况。水轮车每架直径六七米，高 10 米左右，悬在河边，流水的冲力使水轮车能够旋转，从而把河水提上岸进行灌溉。水轮车的制作和维修一般在冬季，届时全村男女青壮年伐木、采藤、砍竹，集体修造和维护水轮车。水轮车灌溉效力非常高，每架水轮车能够灌几亩、几十亩，甚至有的可以灌溉一二百亩。因为水轮车取材便利，使用方便，省力省心，生态环保，所以适用范围比龙骨车要广泛得多。随着现代水利技术的发展，很多传统水技术已经消失了。但由于水轮车取

① 参见梁伯发：《冲肥料》，载毛佑全、傅光宇等编：《哈尼山乡风情录》，四川民族出版社 1993 年版，第 116 页。

② 参见尹绍亭：《云南的水和农业灌溉》，载熊晶、郑晓云编：《水文化与水环境保护研究文集》，中国书籍出版社 2008 年版，第 51 页。

水自然巧妙，现在还有一些地方继续沿用，也有的地方不再真正使用水轮车，而是将其作为旅游开发的水景观给予保留，成为传统水文化和文化记忆的一个象征符号。除此之外，比较有代表性的水技术还有石碾，也是充分利用水力资源，借流水的自然流动带动碾盘进行谷物加工，极大地提高了农村的生产劳动效率。

在云南哈尼族、壮族、彝族中，曾经使用过一种极其智慧的刻木（石）分水技术。其中，世代稻作的傣族传统竹筒分水技术尤其发达精密。傣族在灌溉分水时，有一定的计量办法，能够精确地计算水量，运用起来便捷灵活，能有效地避免水资源的浪费，实现公共水资源的公平配给。有些人称“分水木刻”为“阿匣必”，即“心里的天平”，一方面体现了水的重要性，另一方面也体现了民族的公平价值观。即使发生严重的旱灾，人们一般也不会私开或偷开木刻，不会出现抢水、偷水等有悖道德的情况。在具体分水的过程中，人们在共用的沟渠岔口或田首，以村寨、各户全部田地的数量和开沟护渠所投入的劳动力和支出为基础，综合计算各村各户应分配到的水量，然后制作相应的木刻或石刻，进行公平分水。因为刻木制作简便，而且成本低，所以使用更为广泛。

“阿匣必”制作步骤是：首先，砍一根硬质木头做水平，由寨老和各户代表商议测算长度，长度要略短于沟渠的宽度。然后，根据用水量在水平上凿出若干开口，小口为一角，大口为两角，一角即一份分水量。分水量多就用大口，分水量少就用小口。分水量的大小要充分兼顾多方面的因素，不但与用水村、户的田地量相关，还与实际参与修理维护公共沟渠所出的劳力和费用成正比。水平制作好以后，往往由寨老择吉日举行隆重的安放仪式，各受益村和家户派代表参加。寨老在主持安放仪式的现场，必须当众宣读相关水平规约，然后对水进行测试。水平安放仪式由所流经村寨和家户代表群体参与见证，具有集体公约的严肃性和神圣性，有强制性约束力。水平安放好以后，不准任何人私自乱动，往往10多年后水平朽烂才能换新。

为了解决生产生活中出行的交通问题，人们往往在溪涧江河上架设桥梁，产生了桥梁技术。溜索是比较原始的渡江工具。如怒江地区，地势险峻，山峰夹江对峙，两岸石岩坚硬，江水湍急，舟川航渡不易，架桥也很困难，所以，当地怒族、傈僳族、独龙族等少数民族因地制宜，充分发挥聪明才智，架设溜索过江。傈僳族传说，在很久以前，一对傈僳族恋人隔江而居，无法相会，受天上彩虹的启发，架设了怒江上第一条溜索。独龙族架设溜索前先在江两岸栽上坚固的木柱，或借助大树岩石，系紧溜索。一方先将一根粗绳拴上一块石头抛向对岸，若江面宽阔，则用弩箭将其射往对岸。对面人接绳后，扎紧在木桩上。根据两岸地势高差，溜索分为“平溜”和“陡溜”。平溜两岸一样高，平行飞越江面，但溜到江心后得靠双臂用劲才能到对岸。陡溜有一定的倾斜度，一头高，一头低，滑起来比较轻快。当地少数民族不仅创制出实用的溜索，而且还具有娴熟的溜索溜滑技巧和经验，不但自身可以轻松自如地通过，还可以用溜索运货。现在，溜索作为一项独具特色的云南少数民族水文化遗产，已经成为一项民族特色民俗体验式旅游项目，引发了外界游客的浓厚兴趣和关注。

云南少数民族的涉水交通工具中，较具特色的还有泸沽湖地区的独木舟猪槽船。因当地人将一根粗壮的圆木凿空，两头削尖，状如一只长长的猪槽而得名。在日常生活中，人们乘坐猪槽船在湖上捕捞鱼虾、捞猪草，来往交通。近年来，随着泸沽湖文化旅游业的蓬勃发展，猪槽船也成了当地摩梭人水文化的一个重要符号。

当然，以上所说的都是传统的水技术。随着当代水利科学技术的快速发展，云南少数民族地区先后兴修了很多大大小小的现代水利水电设施，极大地改变了少数民族地区的用水方式和管水方式。过去主要依靠手工技能的传统用水技术和水利设施基本上被弃用，也有的成为民俗旅游的文化景观符号，更多的作为一种文化记忆，进入各级博物馆供展出和宣传。一切事物都有两面，现代水利技术的发达也带来了不少弊端，最突出的问题就是局部的工程项目往往缺乏整体性的生态治理思维，很多工程项目改变了地质结构，破坏了生物多样性，忽视了当地传统文化的价值。而那些极具地方性和民族性的少数民族用水技术，并不仅是一种简单的治水和管水知识、经验和技术，还是维护和谐的人水关系、社区秩序，以及全面的生态治理用水技术和管水制度，此外，还是各民族精神文化的重要组成部分，维系着一个民族的物质生活和精神生活。在现代水技术日益发达的今天，水问题和相关的生态问题越来越复杂，传统水技术所蕴含的丰富的生态内涵，值得我们深入学习、反思和借鉴。

二、水制度

传统水制度是指为了合理地用水管水，实现水的公共利益和公平互利，处理并平息各类如偷水、争水、抢水等纠纷，各族各地的人们制定的相关规则和制度主要包括三个方面的内容，即涉水神祇的威慑、民间水法的规约、民选水倌的管护。[①]

首先，在万物有灵的观念影响下，各类涉水神祇起着强大的威慑作用。涉水神祇不仅仅有水神和龙王，还包括天神、山神、林神、村寨神、龙神、祖先神等。对于民众来说，自然与神灵是同体的，所以不能随意冒犯，这种观念促使他们对神灵顶礼膜拜，对自然敬畏保护。彝族史诗《洪水泛滥》记载，在远古独眼时代，“人们吃食不祭神，净水不供佛，佛前不烧香，饭前不祈祷，酒前不敬神，遇老不磕头，见小

① 参见黄龙光：《因水而治——西南少数民族传统管水制度研究》，载何明主编：《西南边疆民族研究》，云南大学出版社 2014 年版，第 123 页。

不作揖，独眼不礼貌，道理也不讲……天神兹阿玛，施展干水法。请来九太阳，邀来八月亮，要晒四海水。太阳晒坝塘，坝塘就晒干，太阳晒大地，海水全晒干，一滴也不剩”[①]。故事中，水神直接与日常用水和管水发生紧密的联系，但在水神之上，往往还有至高无上的天神也有权力管水。总之，对神明的信仰一代代传承，根植于集体观念中，威慑约束着人们的行为，使人们不敢随意冒犯水，从而保护了水，也就保护了自身。

除了神灵的威慑，村社共同商议制定的各种古约、石碑、水规与习惯法是为了公平安全卫生有序地用水，集体商议制定实施的一系列行之有效的办法，各民族千百年来基于共有共享共管共治的集体原则。如果说出于神灵崇拜的水信仰是非理性的，自觉遵守的，那么规约就是理性而带有强制约束力的。这种规约普遍存在于云南各少数民族村寨。如道光年间云南玉溪市峨山县彝村龙潭边所立的“源远流长”井规碑，碑文为：

> 头井挑饮，勿容泡捅物件；二井洗菜；三井洗衣服，勿容僭越，亦不得将土石填涨井内；再者，每月三十日，龙头[②]当彻洗井内洁净。以上井规，各宜谨守。违者罚银三两三分入公。

该村分塘而用的井规自订立后全村严格执行，据说一直到20世纪90年代村里用上自来水才停止。类似的碑记在民间有很多。俗话说，国有国法，家有家规，没有规矩，不成方圆。在现实生活中，围绕着利益，难免出现强者应无水而有水，弱者应有水而无水的不公平分配

① 云南省少数民族古籍整理出版规划办公室编：《洪水泛滥》，云南民族出版社1987年版，第1—2页。

② 龙头由村里公推有威望乐于奉献的已婚中年男性担任，主要负责清洗井塘，保持洁净，监督井规，组织二月祭龙。每年秋收后，可获得象征性的谷米报酬。

现象，破坏了人与人的关系，并会瓦解社群的整体凝聚力。因此，为了长期的共同利益，就必须贯彻公平合理的原则，兼顾集体利益和个体利益，制定相关规约，并往往勒石为记。傣族古老的规矩就规定严禁破坏水源、水环境、水沟，毁坝、偷水、放水捕鱼等行为，并必须保护水神祭坛，违反就要受到严惩。绿春县骑马坝的傣族，规定若毁坏水源林，须按情节轻重处罚，轻的罚 33 斤肉、33 斤酒、33 斤米，这对当时的人们来说是很大的一笔罚款。除了成文的规约，水制度还包括一系列不成文的口头禁忌和习俗。这些禁忌和习俗实际上已成了一种固有的社会规范，如在水井、水源头不许大小便，不许洗澡洗衣，不能让动物在其中直接饮水等。[①]

所有的规约都由人来实施、监督、管理。民选水倌就承担着这样的责任，是具体实施水管理任务的人，起着水务监督和水事管理的作用。水倌往往是在当地德才兼备和德高望重的人，他的身份不但是民选的，有时还是政府认可的，更是神授的。在信仰盛行的时代，其职务笼罩着神圣色彩，这种神圣性又进一步加强了规约的执行力度，保证了制度的有效性。水倌在村落里有不同的称呼，如龙头、护林员、箐长、坝长、赶沟人、分水员、水利总管等，总之水倌就是专门负责水法落实的一线水务人员，往往与祭司、头人、寨老等共同组成民间水法的司法主体。傣语称民间管水员为“板闷”，“板”是铜的意思，“闷”指水沟，因管水员沿村一路鸣锣通知有关水务水事而得名。每条主沟设“板闷龙”和“板闷因”两名进行管理，副职一般设在水头寨，正职安在水尾寨，目的在于使头尾两寨互相照应，既能避免水头寨占便宜，又能保证水尾寨不受损失。

哈尼族民间实行称为“欧嘎阿波”的赶沟人管理制度。赶沟人由村

① 参见郑晓云:《水文化与生态文明——云南少数民族水文化研究国际交流文集》，云南教育出版社 2008 年版，第 10—14 页。

社集体推选，如果本人不愿意可以重选，民众不满意则换人。赶沟人最重要的素质是公平负责。对于赶沟人的工作，村里会给予一定的补贴。赶沟人负责日常巡护沟渠，公平分水。如果遇到小堵塞或坍塌渗漏等，一般由赶沟人动手疏通。如果有大的事故，就及时通知全村寨，组织所有用户集体维修。有的哈尼族地区水倌也就是护林员。水源于森林，护林员的职责在于保护村寨森林，同时也就保护了水源林不受破坏。总的来说，云南各民族各地区的水倌虽然称呼不同，但都是不脱离生产劳动的非专职管水员，每年虽可获得一定的报酬，但报酬不多，更多的是出于公益和奉献。水倌要对水神负责，也要对地方官员、寨老和普通村民负责。

信仰力量、民间规约、水倌这三重力量同时有效地管理、监督着各民族的水务水事活动，构建并维护着人水的和谐关系，保证了水资源的可持续应用。信仰、技术和制度共同组成了完整的少数民族水文化，少数民族的水文化是水信仰、水技术、水制度“三位一体”的有机构成，这种物质和精神层面的双重构建使得云南的水资源和生态环境得到较好的保护和管理。

以上所说的水资源、水技术和水制度以及水信仰共同组成了丰富多彩的云南少数民族水文化遗产。在漫长的历史进程中，云南少数民族水文化伴随着各部族先民而生，如同河流水系般，在此过程中，与其他文化支流相结合，由涓涓细流融汇而成波澜壮阔的江河，如歌如诉，流淌在山河大地，也深植于各民族的心灵深处，传承绵延，既是万古难舍的乡愁，更寄托着不断前行的希望。

第二章　滇中滇东滇东北少数民族水文化

云南少数民族水文化可以按照河流水系和民族来分类，还可以按照地域来分别介绍。以昆明一带为中心，云南可分为5个板块：其一滇中、滇东、滇东北，其二滇南和滇东南，其三滇西南，其四滇西，其五滇西北。滇中和滇东滇东北板块包括昆明、玉溪、曲靖、昭通，滇南滇东南板块包括红河、文山，滇西南板块包括普洱、版纳、临沧，滇西板块包括楚雄、大理、怒江、保山、德宏，滇西北板块包括丽江、迪庆。在第二章到第六章，本书将侧重于从水资源、神话传说、信仰习俗、水技术和水制度4个方面对5个地区的少数民族水文化进行介绍。

滇中地区位于长江、珠江和红河上游，多盆地，集中了云南省近一半的山间平地（坝子），有滇池、抚仙湖、星云湖等高原湖泊，水资源保障程度较高，水环境总体较好，但缺水问题较为严重，滇池等部分高原湖泊污染严重。滇中生活着汉族、彝族、回族、白族、苗族、傈僳族、壮族、哈尼族、傣族、蒙古族、独龙族、布朗族、水族、布依族等民族，各民族的水技术、水制度和精神水文化都很丰富，尤其是水神话传说多姿多彩，水信仰和习俗复杂交融，构成了充满魅力的水文化图景。

第一节　昆明市少数民族水文化

云南省省会昆明市因四季如春被称为春城，是国家历史文化名城，地处云贵高原中部，有着“东连黔桂通沿海，北经川渝进中原，南下越老达泰柬，西接缅甸连印巴”的独特区位。昆明市共有3个少数民族自治县，4个民族乡，333个少数民族聚居村。截至2021年，昆明市常住人口850.2万人。其中，少数民族人口占全市常住人口的13.84%，万人以上的少数民族有8个，即彝族391337人，回族146922人，白族71443人，苗族45013人，傈僳族17289人，壮族13835人，傣族13101人，哈尼族10649人。全市少数民族呈现出分布广、大分散和小聚居的特点。

一、水资源

昆明的水系中心是烟波浩渺的滇池。滇池为西南第一大湖，也是中国第六大淡水湖，是古滇文化的发源地，昆明的母亲湖，古称滇南泽，又名昆明湖，地处长江、珠江和红河三大水系分水岭地带，位于昆明市西南，有盘龙江等河流注入，有“高原明珠”之称。滇池海拔1886米，面积330平方千米，湖面南北长40千米（含草海）（一说长约32千米）；东西平均宽7千米，最宽处12.5千米，湖岸线长约150千米，流域面积（不包括海口以下河道流域面积）为2920平方千米。滇池出海口为西南方向的螳螂川，螳螂川被认为是长江上游干流金沙江的支流普渡河之上源。关于滇池名称的由来有4种说法。其一，据晋常璩《华阳国志·南中志》说：滇池因“下流浅狭，如倒流，故曰滇池”。这是从地理形态上讲，意思是说滇池上源深广而下流浅狭，与自然规律相反，是颠倒的。其二，寻音考义，认为“滇者，颠也”。也有人认为“滇”本是彝语的“甸”，即大坝子之意。古夷语（或说是古代彝、白语）认为山间平地为“甸”，甸中有池，则谓之“甸池”。“甸池”进入汉语后，按汉语的习惯，被同音的“滇池”所代替。其三，从民族称谓来考证，据《史记·西南夷列传》载：“滇”，在古代是这一地区最大的部落名称（氐羌“叟族”“僰族”或“填戎”），楚将庄蹻入滇后，变服随俗称滇王，所以先有滇池部落，才有滇池之名。其四，“滇”是壮语的“亭”或“祠”，指祠堂的所在地。总之，从明代中期起，“滇”就成了云南省的代称或简称。

今天的昆明是一个现代化城市，我们很难想象，在历史上，昆明曾是名副其实的水城，不只有烟波浩渺的高原湖泊滇池，而且有星罗棋布的支流和大大小小的湖泊，船只曾是昆明人重要的交通工具。旧时昆明，蓝天白云，波光粼粼，渔舟唱晚，风光迷人。因此，历代文人触景生情，写下了数不尽的优美诗篇，最著名的当然是乾隆年间名士

滇池（黄媛 摄于2020年9月）

孙髯翁登大观楼所作的长联："五百里滇池，奔来眼底，披襟岸帻，喜茫茫空阔无边……"

注入滇池的河流主要有12条，流域面积大于100平方千米的主要支流有盘龙江、宝象河、洛龙河、捞渔河、大河、柴河、东大河、新河8条，这些河流多发源于流域北部、东部和南部的山地及滇池上游的松华坝水库和几个大中型水库，穿过人口密集的城镇、乡村，呈向心状流入滇池，成为滇池的主要水源补给。其中以盘龙江最大。此外，入湖河流还有柴河、金汁河、马料河、昆阳河、海源河、梁王河、呈贡大河、西白沙河、东白沙河、古城河、新运粮河、老运粮河等。滇池的出水口是海口。

昆明的水历史，就是昆明的建城史，也是昆明各少数民族共同的水历史。根据文字和照片记载，一直到20世纪50年代，昆明水城依然保留着河流遍布、古桥横跨、井巷穿城的美丽景象，在老昆明人的回忆里，当时的人们摇着桨，划着木船，吆喝着在水中嬉戏的鸭鹅，悠然而来，飘然而去，呈现出一幅幅美好的水城风光。昆明、昆阳、呈贡、晋宁、安宁都可以通过航运连通，粮食都由水路运来。后来，由于城建需要，昆明市区的很多河流被建筑物覆盖，成了暗河，今天的昆明，虽然四季如春，花开不败，除了滇池，还有翠湖、莲花池等湖泊水榭，亭台楼阁，风景动人，引游客无数，但与旧时相比，已经不复高原水城样貌。沧海桑田，历史的轮转改变了河流水系的面目，也反复改写着水文化的形式和内涵。

二、与水相关的信仰

昆明生活着29个少数民族，本地人口较多的少数民族是彝族、回族、白族。各个民族都有关于水的神话传说，无论是创世神话，还是每个湖泊、每条河流的来源，都寄托着人们对水的认知、情感和信仰。

生活在滇池周边的彝族、白族和汉族一样，最突出的水信仰主要是关于龙的信仰。在现有的传说中，滇池的来源与龙密切相关：

很早以前，昆明一带土地贫瘠，没有湖泊，也没有小溪，百姓靠天吃饭，日子非常艰难。不知从哪年起，竟然没有再下一滴雨，田地变得干裂荒芜，人们苦不堪言，生活难以为继。为了给昆明寻找水源，一个年轻的猎手告别了新婚妻子，翻山越岭，长途跋涉，历尽艰辛，终于来到东海边。他看见一望无际的海水，万分喜悦，但很快又陷入了烦恼之中——水怎样才能运回家乡呢？一天，猎手正在海岸惆怅，忽见一只老鹰从水面叼起一条小红鱼。猎手迅速举箭，射下老鹰，救了小红鱼。这小红鱼正好是东海龙王的三公主，龙王看猎手英俊善良，想把三公主嫁给他。年轻的猎手执意不肯，龙王就把他变成了一条小黄龙。小黄龙放不下对家乡和妻子的思念，一天，他趁龙王不备，放开量喝足了东海的水，悄悄飞回了昆明。然而，妻子因为思念过度已经去世，化作了睡美人山。小黄龙悲痛欲绝，他吐完东海的水后，撞山而死。吐出的东海水浩浩荡荡，汇成了今天的滇池，有了滇池的水，万物便有了生机，昆明因此变得富饶而美丽。[①]

很多昆明老辈人都听过龙的传说。据说，昆明有五大龙王，也有说九大龙王。五大龙王故事讲述的是：

自从盘古开天地之后，昆明就是一块风水宝地，被天上下凡的五条巨龙：木龙、火龙、土龙、金龙、水龙盘踞着，它们既相生，又相克……盘古收到举报，说五条龙在昆明争权夺利，打得昏天黑

① 故事广泛流传于昆明地区老一辈人中，也多次被收入昆明地区民间传说故事资料。

地，就派统管昆仑山、喜马拉雅山等山的神龙夫妇的二太子南干龙前往调查研究，并视情况妥善处理……南干龙带着向好朋友二郎神借来的哮天犬，从青藏高原一路走来，左顾右盼，蹦蹦跳跳，经过香格里拉、丽江、大理、楚雄来到昆明，就被海拔1886米的高原明珠、五百里滇池迷住了……在此间乐不思蜀的南干龙带着哮天犬在昆明视察一番，知道这五条龙都有来头。木龙自称“长虫（蛇）”，号称老大，来自千里之外的四川，经云南的昭通、会泽来到昆明。盘古开天地时，它就有一股龙气，迈着龙步，蜿蜒走来，其徘徊曲折，伸缩起伏，行至昆明境内龙气益旺，到铁峰庵处停顿起嶂，含蓄旺气，九起九伏，向西绕南，至圆通山开玉屏（衲霞屏），徐徐吐出五华秀气。其手下有：五华、螺峰、祖遍三条小龙做帮手。木龙本为极为难见的“紫微龙”也！如今，龙头在云南，尾巴却在四川。看来，不敢轻惹……火龙盘踞在昆明西边的碧鸡山上。盘古开天地前，昆明乃一片荒凉贫瘠之地也，山上无树木花草。盘古开天地当天晚上，一轮明月高照，在“哗啦啦”的巨响声中，一只碧玉雕成的雄鸡从月亮中飞出。从此，昆明处处花开，满山结果，荒塘成碧海，鸟唱、鱼欢、虾跃。其实，这雄鸡就是火龙的化身。夕阳映照下，碧鸡火龙熠熠生辉。火龙名虽为火，实则儒雅。看来，好与相处……土龙盘踞在昆明西边的眠山上，它多夜行日眠，守卫往西的通衢大道，眠相如狗，故又称狗山。看来，土龙勤快，忠于职守，容易驱使……金龙盘踞在昆明东边的金马山上，盘古开天地时，一日太阳东升，在“隆隆”巨响声中，太阳里飞出一匹骏马，高高矗立在昆明东边。其实，这匹骏马，既是金龙，又是金马，乃龙马也！看来勇猛……水龙则盘踞在昆明坝子，它自北向南，欢笑着，飞跃着，翻腾着，荡漾着，瞻前顾后，左顾右盼，清悠悠，慢腾腾灌溉良田；在滇池里嬉戏，乐此不疲！常常把两只前爪趴在松花坝上眺望昆明坝子。看来，容易驯服……南干龙带着哮天犬，经过深入认真细致地调查，盘古得到的举报情况子虚乌有。实际上，五条龙在老大木龙的率领下各司其职，互相配合，和谐相处……南干龙将实际情况上书盘古，要求常驻昆明当监察使。命哮天犬将报书信飞报盘古，并给父母请安。几天后，哮天犬带回盘古“恩准”的批示和监察使的委任状，以及父母的平安家书。可是，就在南干龙乐滋滋喜看盘古“恩准”批示和监察使委任状、喜读父母平安家书时，哮天犬却“不辞而别”。南干龙以为哮天犬已经回到主人身边，哪知，二郎神多次来信催哮天犬速回！才知哮天犬“失踪”了！俗话说：“好借好还，再借不难！”咋个向二郎神交待？南干龙张开两只炯炯神眼扫遍九州十八海，找不到哮天犬；命五条龙及其手下搜遍天上、地下、海底，也没找到哮天犬；二郎神亲自从天庭来到昆明，用其三只神眼查找，也没找到哮天犬。就向玉皇大帝请长假，说找不到哮天犬绝不罢休！其实，二郎神也爱上了昆明和滇池，长住在西山龙门，巡遍昆明的大小观庙……哪知，哮天犬竟被天津来昆的张先生发现躲在松花坝水库里，不时伸出头来四处张望。张先生就立即把此情景画在《盘龙江——昆明母亲河》长卷上，看哮天犬往哪里逃？

与龙相关的故事可谓无所不在，在晋宁一带，彝族老辈人现在还经常说“拿龙捉虎阿吒力”，比如圆通寺的龙传说：

传说，在明朝嘉靖年间的一天夜里，昆明市区下了一夜暴雨。翌日清晨，圆通寺的一个和尚走出僧房，只见庭院中落叶遍地，转入大殿燃灯上香，却见木柱上的两条泥龙浑身水淋淋，好像才出水面归来。这和尚惊愕万分，转身跑去报告住持，住持半信半疑，于是，带领一群和尚奔进大殿，果见这两条龙遍身是水，鳞甲上粘挂着青苔（海藻之类）。龙的胸部一起一伏地喘着气息。众和尚见状，惊得目瞪口呆，不敢出气。其中有个小沙弥，好奇地左瞻右顾，他走出殿堂，见地上有一条粗大的水迹，这水迹是沿着柱上盘绕的泥龙而伸到殿外，这小沙弥向众和尚指指点点，他们似有领会，一齐蹑手蹑脚，沿循水迹去寻找根源。一行来到今天翠湖的九龙池畔（今圆通街坡底西北面），看到岸上围着一大群人，神色惊异，议论纷纷。原来昨夜天降大暴雨时，许多人听到神龙咆哮，格斗之声音一夜不绝。又有人在岸边拾到有碗口大的几片龙鳞壳。和尚们这才恍然领会，原来是本寺的两条泥龙奔入海中（翠湖原名菜海子），驱逐强占九龙池的一条蛟龙。在这以前，昆明常遭蛟龙泛水，淹没半个城区街道，老百姓叫苦不迭。经此一战，蛟龙绝迹了，人民安居乐业了。①

根据圆通寺石壁记载，圆通寺的大殿后筑有咒蛟台，相传很久以前，那里有个大石洞，潜藏着一条巨大蛟龙。蛟龙依凭居高临下的地势，时常兴妖作怪，危害居民。距昆明城南 40 多千米处有座盘龙寺，寺僧阿咱李（阿吒黎）② 懂得“岣嵝经文”（古夏文），经文上详细记载着大禹治水的经过，其中有降伏蛟龙的神咒。于是，昆明城的耆老们在那里筑了一座咒蛟台，恭请“阿咱李”在台上日日夜夜念“岣嵝经”，数日后，法咒的效力显现了，蛟龙出洞伏在地上求饶，“阿咱李”挥之令去。自那以后，蛟龙泛水的灾患就没有了。

昆明彝族支系撒梅人也流传着很多龙传说。如龙女造人、神龙降

① 2020 年 3 月，昆明晋宁阿吒力法师孔伟讲述。

② 一般写为阿吒力。阿吒力是梵文音译，意为上师，是云南民间对佛教密宗阿吒力僧人的特有称呼。

雨、祭龙、撒梅山为什么能看5个海、青龙村的传说、金盆龙潭、草鞋龙潭、红泥沟、响水坝、老龙河的传说、小河村的来历、牛恋滩、孝牛泉的传说、干海子的传说等。这里简记“神龙降雨”的传说：

传说在很多年前，撒梅人居住的一个地方连年干旱，山上的树木都晒枯了，草地的草都晒死了，庄稼更是颗粒无收，人们的生活非常困难。人们受灾的事，传到阳宗海老龙王的耳朵里了，他驾云腾空瞭望，看到此事后，心里很着急。他想派一条龙去抢救一下灾情，可龙都出去了，只剩下一条黄母龙和鱼虾兵将在家里，而且黄龙还孕着小龙，龙王左思右想，想不出什么好办法。黄龙发现后，就问龙王：“大王，你到底有什么心事？”龙王把撒梅地区长期干旱的事说了一遍，黄龙听了说：“既然撒梅人受旱灾如此严重，这里只剩下你我，还是派我去救灾好了。”龙王答应了黄龙的要求。黄龙到了撒梅，暂时在槽巫左日躲找了个地方居住下来。第二天施展神威，使晴朗的天空布满了乌云，把甘露般的雨水浇在大地上，人们赶紧泡田栽秧，相信今年会有好收成。可大家又感到奇怪，为什么这样晴朗的天空突然又会下起雨来呢？后来才知道是阳宗海的黄龙来行雨了，都赶紧来到槽巫左日躲，杀猪宰羊，烧香敬龙。不久以后黄龙生了一对小龙，小龙一白一黑，可爱极了。黄龙把两条小龙分别安排在深勒白日躲和未腊处日躲住下。慢慢地，两条小龙都长大了，都可以呼云唤雨喷雾吐云了。老黄龙就叫两条小龙试降了几次雨，感到很满意，也就放心了，叫他们在这里好好地为人间造福，她自己回阳宗海去了。两条小龙送走了老黄龙，各自回到了自己的日躲。过了几天，小白龙天天在未腊处日躲睡懒觉，小黑龙知道后就来找他，说道：“小白，母亲临走的时候叫我们好好地为人间降雨，可你天天在这里睡懒觉，真是太不应该了。”白龙听了后，非常反感，回答道："你在你的深勒白，我在我的未腊处，你管不着我，你要雨我降给你瞧。"说完呼的一声便走了。小白龙到了天上，果然下起了鸡蛋大的冰雹，冰雹把人们的庄稼都打坏了，把苞谷叶子撕成丝丝，把稻谷打倒在田里，连来不及归家的老黄牛都被打得"哞哞哞"直叫唤。黑龙知道小白龙干了坏事，就跟着到了天空，大声骂道："叫你降雨为人间造福，你却吐些冰雹下去伤害人们，我们一齐到龙王那里说理去。"白龙回答："你要去就去吧，我不去！"说着又吐出些冰雹来，黑龙见再说也无用，想去告诉老龙王来收拾他，转身往阳宗海方向走去。白龙见了，怕龙王来处分他，赶紧跑去阻拦，抓住黑龙的龙角，黑龙用力一甩，把白龙的爪子打掉了一只，同时黑龙的角也被扭断了一只。两条龙打起来了，越打越激烈，打得天昏地暗，有时还发出一声声的怪叫，人们都害怕得躲了起来。龙母在阳宗海听到他们的怪叫声，不知发生了什么事情，赶到现场，问明原因，得知是小白龙的不对，就去抓白龙回阳宗海，白龙一跑，被龙母抓住尾巴，他用力一挣，尾巴挣断了一截，回未腊处日躲躲了起来，再也不敢出来了，只是在龙潭里喷出一股水来。龙母追到日躲边，见白龙变成一条小龙躲到一个洞里，还吐出一股水来，就对黑龙说："既然他躲起来了也好，反正这水还可以浇灌农田，就暂时不管他了，只要你在这里好好地给人们降雨，我也就放心了。如果白龙再出来捣乱，你就来告诉我们，让龙王把他抓回阳宗海关着，叫他永世不能出来。"说完便走了。后来，白龙爪子被打掉在未腊处山上的地方长出了很多龙爪菜，尾巴掉在笔卡山上的地方长出了很多龙尾草。小黑龙的角打掉以后，落在舒摆山上的刺丛中，被山羊看见，不知道是什么东西，感到很奇怪，便用舌头一舔，头上从此就长出奇形怪状的角，成了现在的大角鹿。从此以后，撒梅地区年年都是风调雨顺，人民过上了幸福的生活。为了感谢龙神给人们带来的幸福，每年三月初二，人们都杀猪宰羊，青年人用草把做成一条长龙摆在日躲边上，老年人烧香祷告，感谢龙神给人们带来了幸福，希望来年还是风调雨顺、五谷丰登。①

除了神话传说，水的神圣性还主要体现在繁杂的祭祀仪式中。据当地人说，龙的种类非常多，有山龙、水龙、井泉龙王、四海龙王等诸水龙王。晋宁阿吒力师傅孔伟说："龙王多得很，不同的地方有不同的祭祀，用不同的道具，不同的方法，大山里的，水边的，滇池边的，祭祀方法都不同。山里龙王主要是山泉水龙王，寺庙里面的出水洞又有相应的龙王，平坝的湖泊有湖泊龙王。龙王好多，信仰与祭祀在每个地方都不同，很神秘。"②

滇池周边有多个龙王庙和水神庙，庙里供奉着龙王、夜叉。滇池一带有出海祭祀、三月三祭龙、大祭小祭、六月二十四、过年祭等活动。关于对龙的祭祀，有一则传说广为流传：

明朝嘉靖年间，宜良县有姚姓官员从宜良出发到昆明去办事，一路上风餐露宿，昼夜兼程。这一天到了靖安哨，突然间天空黑云翻滚，紧接着霹雷闪电，顷刻冰雹铺天盖地砸了下来，把群山都搅得摇晃起来。姓姚的连忙叫人放下大轿，速速搭起营帐，叫手下人暂避一时。过了一会儿，冰雹停了，众人一片欢呼。不料又是一阵狂风扫来，倾盆大雨又下了起来。营帐中一阵混乱。姚公凝眉沉思，过了一会儿，他掀开帐门，向外看去，不看则已，一看顿时

---

① 昆明民间文学集成办公室主编：《昆明民间故事》，云南人民出版社 1988 年版，第 30—32 页。

② 2020 年 1 月，笔者对昆明晋宁孔伟师傅进行访谈的记录。

大惊失色。只见对面山坡上有两只羊在蹦跳着打架，两只羊的羊角一抵，天空就出现霹雷闪电。姚公觉得奇怪，就叫人跟他去看是怎么回事。赶到山坡上一看，原来是一只山羊和一只绵羊在拼命，两只羊边打边跑。姚公带人在后面追，到了一眼龙潭旁，羊突然不见了，天空开始放晴。姚公在潭边仔细观察了片刻，猛一拍脑袋，口中大叫："天助我也！"原来他看出那两只羊是神龙变的，龙潭就是它的住所。这龙因受不到人间烟火的供奉，借机把姚公吸引过来。姚公说："神龙啊，此时无烟火供奉，是因为这里土地贫瘠，更主要的是这里没水，假如有人在此居住，没有水也会搬走的，你若是要受凡间烟火，就请显灵把水引到山上去吧。"话音未落，龙潭中的水便上下翻腾，"咕唧唧"向外溅射。"哗啦"一声巨响，紧接着晴朗的天空乌云密布，电闪雷鸣，过了一会儿，乌云散尽，众人只见山上开出一条深沟，水从龙潭流进了深沟。姚公许了愿后，便奔昆明去了。回来之后不久，迁来七户人家，以后逐渐繁衍。每逢旧历二月八日，行一次祭龙活动。①

至今，当地人仍然在二月初八这一天进行祭龙。昆明流传的民歌《龙王庙里去烧香》从侧面反映了过去的祭龙习俗：

龙王庙里去烧香②

年年有个三月三，

我们晋宁、昆阳、大小鼓浪、马街、灰湾，

① 昆明民间文学集成办公室主编：《昆明民间故事》，云南人民出版社 1988 年版，第 43 页。

② 参见王定明主编：《昆明歌谣》，云南民族出版社 1991 年版，第 194 页。

轱辘团转的农户、船家，
划着小船，
船靠船、船挤船、船擦船，
到处都是船。
龙王庙里男男女女、老老少少，
人山人海，
里三层、外三层，
挤着擦着推着来敬香，
祈求风调雨顺、清吉平安。
姐姐呀！
咯是今日山转路也转，
我们难逢难遇，
大家欢欢喜喜唱调玩。

耍黑龙潭[①]

三月初三去朝山，
约约我的干姐干妹耍黑龙潭。
姐姐呀！
我们一进大门往前看，
青松翠柏绿汪汪，
黑龙宫里绕一绕，
九天诸神坐神坛，
琉璃宫灯悬空挂，
香烟缭绕放清香，

① 王定明主编：《昆明歌谣》，云南民族出版社 1991 年版，第 193 页。黑龙潭为昆明北郊一著名风景区。

龙宫前面竖桅杆，
风吹钢铃响叮当。
我们穿过石牌坊，
拐了几个大弯弯，
登上石坎来在大殿上，
只见唐梅、宋柏拔地参天真希（稀）罕。
千年梅花耐岁寒，
山茶开得红艳艳，
玉兰花开得分外香。
走进宝殿看一看，
八势香炉摆中央，
神坛上面观音老母多慈，
还有那三丰真人、秤砣仙人、托塔李天王。
朝山游客千千万万，
人山人海闹洋洋。
姐姐呀！
（咯是）你们还喊没耍够，
我们姊姊妹妹一齐来在黑龙潭边上玩，
潭边栽上观音柳、两水相交鱼不住，
只见那成群金鱼来抢食，
摇摇摆摆真好看。
姐姐呀！
（咯是）我们泡了几杯香茶，
品尝糕点，
吃饱喝足，
才说着笑着牵着拉着转回还。

（口述者：杨汝荣；采录者：陈子云）

民歌生动地描述了过去人们一边祭祀龙王，一边在湖光山色中游玩交往，享受美好生活的图景。

在昆明一带，最热闹盛行的水习俗莫过于五月初五端午节。2016年，笔者曾亲见中华龙舟大赛昆明滇池站的盛况，龙舟赛共有22支大龙舟队伍和16支小龙舟队伍参与角逐，热闹非凡。总的来看，昆明地区水文化发达，水技术和水管理制度成熟，水信仰也很丰富，体现了昆明多民族文化共生繁荣的辉煌史。

第二节　玉溪市少数民族水文化

玉溪市位于云南省中部，因水得名，玉溪河即《水经注》所记之桥水，明代文献中已称玉溪，取其清流如玉之意。玉溪东南部与红河哈尼族彝族自治州相邻，西南部与普洱市相接，西北部与楚雄彝族自治州毗邻，北部与昆明市相接，总面积15285平方千米。玉溪市行政区划包括2个市辖区（红塔区、江川区），4个县（澄江县、通海县、华宁县、易门县），3个自治县（峨山彝族自治县、新平彝族傣族自治县、元江哈尼族彝族傣族自治县）。

玉溪市内地形复杂，地势西北高，东南低，山地、峡谷、高原、盆地交错分布。西部哀牢山如同一座巨大的屏障，山峦连绵，谷壑纵横。玉溪是一个多民族聚居区，少数民族人口约60万，包括彝族、回族、哈尼族、苗族、壮族、傈僳族等20多个民族，各民族在生产生活中形成了各自丰富多彩的水文化。其中，彝族在玉溪少数民族中人数最多、分布最广，主要支系有聂苏、纳苏、山苏、仆拉、河哲、罗罗、拉乌、咪哩等。玉溪的哈尼族有多个支系，包括哈尼、豪尼、不扎、卡多、碧约、西摩洛等，主要分布在元江哈尼族彝族傣族自治县的那诺、羊街、因远、咪哩、羊岔街等乡镇。傣族主要分布在新平彝族傣族自治县的嘎洒、漠沙、建兴、平掌等地。花腰傣主要居住在红河中游（元江）的新平、元江两个河谷地区。玉溪通海县兴蒙蒙古族乡是云南唯一的蒙古族聚居地，人口5600余人，主要聚居地为环湖坝区，土地肥沃，是“鱼米之乡”。

一、水资源

玉溪市内河流众多，分别属于珠江水系和红河水系。新平彝族傣族自治县、易门县、元江哈尼族彝族傣族自治县以及峨山彝族自治县的一部分河流属于红河水系，集水面积共9981平方千米。红塔区和通海县、华宁县、澄江县、江川县以及峨山县的一部分河流属于珠江水系，集水面积5044平方千米。

玉溪群山耸峙，江河奔流，湖泊明秀，文化遗迹众多。以水为核心的自然景观主要有抚仙湖和星云湖湖泊风景区、通海秀山风景区、九龙池风景区等。久负盛名的抚仙湖、星云湖、杞麓湖和昆明阳宗海是高原断陷湖泊，被人们称为“三湖一海”，它们在云贵高原上连成片，如珍珠，似缎带，流光溢彩，引人入胜。

抚仙湖是中国蓄水量最大的淡水湖泊，位于澄江、江川、华宁三县交界处。唐宋年间就有部落在此定居，称为罗伽部落，所以抚仙湖曾被叫作“罗伽湖”。抚仙湖水质清澈，清明澄碧，极少污染，在大多数地方可看到水下四五米处的鱼儿或净沙等物体，有的地方可见度竟达七八米。诗人形容其“琉璃万顷”。明末徐霞客在《徐霞客游记》中写道：“滇山惟土多，故多壅而成海，而流多浑浊，惟抚仙湖最清。”传说中，抚仙湖的美丽连神仙都为之倾倒。明代，流寓云南的诗人杨升庵还为它写下了“百里湖光小洞庭，天然画图胜西湖”的诗句。清初澄江人赵士麟有绝句赞道：

俞元仙迹问仙湖，一片朔波点荻芦。
天上自来通碧海，人间不道有蓬壶。

抚仙湖周边的少数民族主要是彝族和回族。关于抚仙湖的传说似乎属于汉族。相传在很久以前，玉皇大帝派了两个神仙到人间巡视，一位姓肖，一位姓石，两个好友游遍了名山大川，最后到了云南，在上空看到一汪清澈见底的湖水，惊叹不已，认为天蓬元帅的天河都没这么清澈的湖水。于是，神仙落下云头，再也不想走了，化成了湖畔的两座小山峰。当地百姓第二天看到这奇景，便把此湖称为抚仙湖。对抚仙湖周边的彝族来说，水信仰主要是对龙神的信仰和祭祀。彝族不但是崇拜火的民族，也是崇拜龙的民族，据说抚仙湖曾经有一百条神

抚仙湖（倪晓辉 摄）

龙在此定居，至今彝族仍传承着丰富的祭龙仪式和舞龙传统。

星云湖位于江川县城北一千米处，是抚仙湖的上游湖泊，与抚仙湖仅一山之隔、一河相连，通过 2.2 千米的隔河与抚仙湖相连，俗称江川海。星云湖湖泊面积 34.7 平方千米，流域面积 386 平方千米，平均水深 5.91 米，最大水深 9.5 米，蓄水量 1.84 亿立方米，入湖大小河流 14 条，多年平均水资源量 7684 万立方米。星云湖湖水碧绿清澈，透明度约 1.5 米，阳光下，波光妩媚迷人，月明之夜，皎洁的月光映照湖面，仿佛那夜空中闪烁的万千繁星坠入湖中，晶亮如云，所以取名为星云湖；湖泊山水相映，有“滇中碧玉”的美誉。开湖捕鱼时节，湖面白帆星罗，渔歌互答，犹如一幅充满喜悦的渔乐丰收图。星云湖沿湖柳树、芦苇成行，兰田湾、海讲湾、六家嘴、老河嘴等湖湾密布，螺蛳铺、双井等温泉众多。周边有历史上流传的“海门垂钓、峭石温泉、古埂莲池、星湖月夜、蟠坤古洞”等风光，还有海门界鱼石、湖滨公园、龙王庙、金甲阁、文星阁、台山书院等景点。湖畔生活着彝族、哈尼族、傣族、蒙古族、回族等民族，自然景观与人文景观共同构成了星云湖流域的美丽图景。

杞麓湖，俗称海子，元代称记麓湖，明代称通海或通湖，清代称双湖、通湖，民国至今称杞麓湖。杞麓湖位于玉溪市通海县境内，因位于杞麓山（又名秀山）下而得名，属南盘江水系，是一个封闭型高原湖泊，呈现一定程度的悬湖状态。杞麓湖流域面积 354.2 平方千米，蓄水量 1.7 亿立方米，湖泊面积 35.9 平方千米，平均水深 4 米，最大水深 6.8 米，主要入湖河流有 3 条，在洪水年份，湖水经由湖东南面的岳家营落水洞岩溶裂隙泄洪至曲江。杞麓湖是通海县较重要的水资源，通海人把杞麓湖称为“母亲湖”，杞麓湖畔主要生活着彝族、回族、蒙古族、哈尼族等。杞麓湖明澈如镜，湖岸平畴千顷，村邑棋布，屋舍俨然，明清以来杞麓湖与秀山交相辉映，有“山环海境”之称。清初阚祯兆的诗《杞麓湖》描绘其湖光之妙时说：

一山千载秀，百里两城荫。
风动蚊龙起，霜清波浪深。[①]

阳宗海位于澄江、宜良、呈贡三县之间，汉时称大泽，元初称大池，后称彝休湖、明湖、阳宗海等，是典型的高原断陷湖泊，还是著名的风景名胜区和旅游度假区。阳宗海湖岸平宜，水色碧绿澄清，风和日丽时，恰似一面明镜，加之湖畔良畴万顷，沿山草木青翠，更显明湖澄碧，就如旧志所描述的“晴空云敛，静影澄碧，渔歌互答，宛若图画。”

阳宗海东南面有宝珠山，山上有龙泉寺，建于明代成化年间，距今已500余年。寺侧的龙潭称龙泉，因潭似太极之故，又称为太极潭。在寺与潭间，遗留着一棵苍劲挺拔、冠盖龙泉的唐代黄连树，树龄已有1200多年，当地人称其为“龙树”。

玉溪还有个九龙池景区，九龙宫为清代所建，宫内塑有九条龙，栩栩如生，每年农历二月十九至二十一，阳宗海周边主要居住的汉族、彝族、回族、撒梅人等就在这里唱花灯、演戏，庆祝龙王诞辰，四方百姓都前来赶会。从玉溪的寺名、泉名、树名、节庆都可见龙信仰深入人心，源远流长。

二、与水相关的信仰

玉溪民族众多，水神话因民族而异。流传在元江彝族的《洪水淹天》故事叙述道：

---

① 林超民主编：《云南乡土文化丛书·玉溪》，云南教育出版社2003年版，第140—156页。

古时候人类曾经历了三个时代。第一个时代叫“拉爹”时代，人只有一只眼睛，卡在脑门上，所以又称“独眼人”时代。这代人不会用火，不会种粮食，不会穿衣裳，也没有房子住，人同野兽住在一起，虎吃人，人也吃虎。后来在天神的指点和帮助下，学会了用火，种出了粮食。但这代人心不好，不讲道理，儿子认不出爹，姑娘不认妈，老小分不清；马乱踢人，牛乱顶人，鸡也乱啄人。天神认为这代人“心不好”，于是就来了一场大旱，把独眼人都晒死了。重新换了一代人叫“拉拖”时代，这代人的眼睛是直的，所以又叫“直眼人”时代。这代人妹妹配哥哥，一个配一个，经常吵嘴打架，各吃各的饭，不管爹妈，不管亲友，老人死了丢在山沟里。天神认为“树多了不砍看不见青天，草多了不割看不见道路，不讲道理的人不换掉看不见纯朴和善良”。于是就决定“洪水淹天”，淹死了直眼人。只留下好心人阿卜笃慕兄妹，让他们躲进葫芦里度过洪水，然后婚配繁衍子孙，成为“横眼人”，人类进入了“拉文”时代。

各民族对水的信仰经历了漫长的变迁，龙的传说是非常普遍的。通海蒙古族流传着一个阿吒力降龙的故事，这位阿吒力俗名赵云峰，是河西大村人，有神通，好捕鳝。一天，九龙出游变成黄鳝被捕，赵云峰把他们分放各田，命令他们出水救旱。又传说娘娘被九头龙精缠身，皇帝下旨求贤，九头精不敌赵云峰，被收服命令吐水灌溉田地，皇帝因此封赵云峰为降龙祖师。①

和云南其他地区一样，玉溪的很多溪泉河湖都有着生动的传说。如

① 参见张家训主编：《通海县戏曲志》，通海县文化旅游局印，时间不详，第82页。

白龙泉的故事：

相传很久以前，上山头村有一位美丽、聪慧、勤快的姑娘，家里的饮水全由她一人从白龙潭挑回。在挑水的时候她与一个帮助她的姓白的青年相识了。一天夜里，她梦见青年告诉她说：明天在她放牛的地方会见到一只白羊与一只黑羊打架，请她在黑羊身上抽一鞭，白羊就能得胜。第二天，果真如此，白羊与黑羊打架正酣，姑娘就按照青年所说的那样抽了黑羊一鞭，黑羊果然被打倒了，白羊得胜了。过了几天，青年就上姑娘家提亲，并答应从姑娘过门那天起，一定让娘家常年都有饮用的水。迎娶那天，青年骑马来了，马尾长长地拖在地上，从白龙潭到山头上拖出了一条沟，随沟而来的是一股清水，直到姑娘家门口。以后，人们还用这股水来种庄稼。原来，这青年是白龙潭内的小白龙变的。

流传于元江哈尼族彝族傣族自治县哈尼族地区的一个地名传说，讲述了南溪老林的来源：

古时候，哈尼族山寨有个足智多谋、力大无穷的小伙子。他从小父母双亡，没有留下名字，人们都叫他“男”（南的谐音）。他带领山寨的小伙子们在寨边挖了一条水沟，把崖洞中的地下水引到沟中。为了感谢他，人们尊称他为“男溪”。有了水，他又带领山寨的男女老少去造林，一年又一年，造成了一大片森林。从此，他守护在森林中直到去世。后人为了纪念这位修沟造林的英雄，将森林称为“南溪老林”，将他住过的寨子叫“南溪”。[1]

① 云南省少数民族古籍整理出版规划办公室编：《云南民族口传非物质文化遗产总目提要·神话传说卷》上卷，云南教育出版社 2008 年版，第 323 页。

玉溪地区与水相关的仪式和习俗则主要有彝族、哈尼族的祭龙节，白族的三月会，蒙古族的“那达慕”，傣族的泼水节等。在华宁县的盘溪及通海县、红塔区等地，彝族的春节以隆重的祭龙活动贯穿始终。彝族认为日月星辰、山河树石乃至火灶房屋、人畜五谷、日常用具都有灵魂，水当然也有灵魂，由神灵主宰。在各民族相互融合的过程中，祭龙成为玉溪彝族普遍的仪式活动，彝语称“奄拉”。玉溪市彝族每年祭龙一到两次，时间大多在每年农历正月或二月，以祈求风调雨顺、五谷丰登、六畜兴旺。祭龙一般以村寨为单位，每年一祭，但也有数寨合祭的，也有多年一祭的。比如华宁县华溪乡的独家村、暮舍白、上营、下营和拖白就是每 12 年选择龙年正月的兔、龙、蛇三日联合祭龙。[①] 除了祭龙，亚尼一带的彝族各姓禁止在家中吃泥鳅和黄鳝，这种禁忌也是水信仰的一部分。

玉溪地区的哈尼族主要集中在元江西南岸、哀牢中东北麓海拔 1000—2000 米的山区和半山区，这里气候温和，雨量充沛，土质肥沃，资源丰富，青山重重，云海茫茫，梯田层层，泉水悠悠。哈尼族的宗教以多神崇拜和祖宗崇拜为主要内容，每个村都有山神庙，每年农历二月的第一个属龙日要在山神庙里或林旁的“龙树”下举行祭龙节活动。山神庙和龙树是神圣的空间，不准任何人破坏、冒犯，否则会受到全族人的惩罚。按哈尼族的历法，每年 10 月为岁首，10 月的第一个属龙日开始过年，历时 5 天。以属龙日作为一年的开始，体现了对水的敬畏和重视。对龙的崇拜铭刻在哈尼人祖祖辈辈的血脉中。近年来，元江县羊街乡和那诺乡的哈尼族在两乡交界的尼果村还开辟了大块草坪，建成可容万人汇聚的场地，在 10 月节期间举办“金星九龙街”。据说，1988 年 10 月节的“九龙街”，摆设摊点 325 个，有 12 支文艺演

① 参见玉溪地区民族事务委员会编：《玉溪地区民族志》，云南民族出版社 1992 年版，第 39 页。

出队表演了精彩的文艺节目，观众达10000万人次，热闹至极。

元江白族同大理白族一样，在农历三月十八日至二十四日，也有赶三月街的习俗。节日期间，村村寨寨都要举行传统的“耍狮子”“耍龙灯”“蚌壳灯”“妆八仙”“耍草龙”等隆重盛大的活动。哪怕是散居在东南亚各国的白族侨民，即使日夜兼程，也要赶回去参加盛典。这种现象充分体现了元江白族深厚的水信仰传统。

通海蒙古族是数百年前从北方大草原迁徙而来的，因生活环境的变化和历史的发展，他们的传统节日“那达慕”不再举行赛马、射箭等比赛，主要进行耍龙灯、耍虾灯、跳金凤凰、跳蚌壳、划旱船等文艺表演，体现了落籍于杞麓湖畔的蒙古族由牧民变为渔民又变为农民的发展经历。

玉溪傣族主要居住在沿元江中下游的亚热带河谷坝区，境内群山环绕，河渠纵横，海拔在400—1200米，年平均温度在24℃以上，气候炎热，终年无霜，被誉为“天然温室”，最适宜于种植水稻、甘蔗、冬蔬菜及亚热带水果。作为稻作民族，水对傣族来说意义重大。过春节的时候，在初一鸡鸣时，男人负责取新水，挑满一缸，取水时，要燃放鞭炮，以示庆祝。春节不但要取新水，而且有专门的祭龙仪式。玉溪傣族一般不过泼水节，只有新干县平掌乡角折自然村例外，这个仅有20余户不足百人的傣族小村寨一直保存着传统的“泼水节”，每年正月第一个牛日和虎日，就是他们一年一度的泼水佳节。泼水节集中在村子公共场地进行，其间，村头路门都要设置荆条路障，不让外人进村。牛日的上午，早饭后就开始分年龄和辈分相互泼洒，相互祝福吉祥如意。[①]

---

① 参见玉溪地区民族事务委员会编：《玉溪地区民族志》，云南民族出版社1992年版，第145页。

第三节　曲靖市少数民族水文化

曲靖市位于云贵高原中部滇东高原向黔西高原过渡地带的乌蒙山脉，西部紧连滇中高原湖盆地区，东部向贵州高原倾斜过渡，中部为长江和珠江两大水系分水岭地带。据考古研究，早在旧石器时代，南盘江流域一带就有人类足迹可寻，三四千年前，曲靖先民就在这块古老的土地上种植水稻，创造了自己的水文明。

截至 2020 年末，曲靖市有户籍少数民族人口 56.68 万人，其中彝族 30.88 万人、回族 9.06 万人、布依族 3.81 万人、壮族 4.12 万人、苗族 4.2 万人、水族 1.02 万人、白族 0.91 万人，这 7 个少数民族人口占少数民族总人口数 95.27%。在全市 9 个县（市、区）中，少数民族人口最多的是宣威市，最少的是陆良县，少数民族人口比例最高的是师宗县。全市各民族呈现“大杂居、小聚居”交错分布的特点，少数民族主要聚居在 8 个民族乡（师宗县龙庆彝族壮族乡、师宗县五龙壮族乡、师宗县高良壮族苗族瑶族乡、罗平县长底布依族乡、罗平县鲁布革布依族苗族乡、罗平县旧屋基彝族乡、富源县古敢水族乡、会泽县新街回族乡）、161 个民族村委会和 1479 个民族自然村。

一、水资源

曲靖市山高谷深，流域面积 100 平方千米以上的河流有 80 多条，分属长江和珠江两大水系，以南盘江、北盘江、牛栏江、黄泥河、以礼河、块择河、小江等为主要干流。年均水资源总量 160.2 亿立方米，水能可开发量 250 万千瓦。

名山胜水在最基本的层面是生产生活不可分离的背景，也是自然风光和人文内涵的结合，水文化各个层次的内涵都蕴含在其中。曲靖地区的风景名胜以珠江源风景区和罗平九龙瀑布最为有名，都是以水为

北盘江（黄媛 摄于2022年1月）

核心形成的自然景观与人文景观的巧妙结合。

珠江源即珠江之源，风景区位于云南省曲靖市沾益县境内的马雄山麓，是著名的国际水利风景名胜区、国家级森林公园、国家级旅游区、省级风景名胜区，东麓有北盘江，西麓有牛栏江，南麓有珠江干流南盘江，源头称珠源洞。景区森林茂密，溪流淙淙，有“一水滴三江，一脉隔双盘”的奇异景观，其中珠源洞是珠江正源奇景，一洞一湖一桥一瀑布，与蓝天、白云、山势、森林组合成完美绝伦、绚丽多彩的山水倒影奇景。触景生情，文人雅士为珠源禅寺写诗道：“古寺深山处，山门踏回声；静坐清林下（妈祖莲台坐），聆听梵呗音；万流必有源，溯得可宁心；香火云雾绕，保佑珠江平。”

罗平九龙瀑布群位于罗平县城北22千米处，因发源于九龙河而得名。九龙河起源于白腊山后的群山，河水由涓涓细流汇合奔涌，由于特殊的地质构造，经过水流的千百年来的不断侵蚀，形成了10级或雄伟、或险峻、或秀美、或舒缓、宽窄不等、形态各异的瀑布群，被当地布依族称为“大叠水”。绿玉般的流水绕着层层叠叠阶梯状的水台蜿蜒而下，形成裂帛般的白瀑，浅滩深潭千姿百态，异彩纷呈，从任何角度观看都美不胜收。这些瀑布的形态随着季节的更替变化无穷，丰水季节时，数里之外都会听到大瀑布的轰鸣响声。

十瀑中最为壮观的是以堵勒大瀑布，宽112米、高56米，气势恢宏，壮观非常，号称“九龙第一瀑”，又叫神龙瀑布。瀑后有一个深约10米的水帘洞，左边巨石耸立，犹如一辆古代战车驶入潭中，瀑面呈弧形倾泻而下，阳光照耀仿若仙境。据当地布依族群众说，神龙大战铜鼓精时，那狂暴的鼓精便是砸在瀑布巨石上粉身碎骨的。

作曲家、演唱家王俊雄曾谱写了具有典型的云南布依族民族风情的《观瀑》乐曲，乐曲轻快、欢畅，歌词如下：

观瀑

——罗平九龙瀑布群

扬　眉

腾飞的九龙十个瀑，瀑瀑裂帛峭壁悬，
钙化的十滩九条溪，溪溪凝玉固山峦；
层层的台阶水面展，湛蓝碧绿小渊潭，
叠叠的水滩傍青山，流光溢彩紧相连。
高飞的九龙十个瀑，瀑瀑之间拖浅滩，
缓急的十滩九条溪，溪溪之上泛烟岚；
奇曲的台阶水面展，四季变幻色斑斓，
轻浅的水滩傍青山，雷霆万钧动地酣。

大河涨水哩慢悠悠，扎起竹竿顺水流，
空心的竹子浮水面，阿妹擎伞立筏头。
二月的油菜发新芽，山川嫩绿白梨花，
三月的油菜开黄花，大地明黄到天涯；
柔情的多依河弯曲，金鸡报晓布依家，
宽阔的三峡景万千，漫山遍野梯田狭。
二月的二来龙抬头，男女老少出竹楼，
九溪十瀑旁对山歌，歌唱美好新生活；
三月的三来祭双神，俊男靓女盛装身，
十瀑九溪旁泼水忙，村村寨寨似海洋。
大河涨水咪青悠悠，抛个荷包小郎收，
空心竹子不落水哩，真心阿哥妹不丢。

九龙河是罗平人的母亲河，罗平生产生活景观用水都来自九龙河，该河上游沿岸有很多农田也都靠九龙河灌溉。随着用水压力增大，九龙河的水量也曾告急。为了县城生活用水，2013 年九龙瀑布景区曾经断流，近两个月后才恢复水流。

二、与水相关的信仰

流传于云南石林一带的彝族《阿霹刹·洪水和人的祖先》传说里不但出现了大洪水，而且出现了水神体系中的雷神。故事说：

古时候，有一家三兄弟和一个妹妹，他们开荒种地，发现一个老头子把他们开过的地复原回去了。大哥、二哥很生气，要打老头子，三弟却不同意打老头子。这时，老头子告诉三兄弟，他是雷神阿霹刹，并告诉他们要发大水了，还给了他们一只金箱子、一只银箱子、一只木箱子，发大水时叫他们躲进箱子里。洪水发了，大哥、二哥贪心，一个躲进金箱子，一个躲进银箱子，三弟和妹妹躲进木箱里。金箱、银箱沉下水底，大哥、二哥淹死了。三弟和妹妹躲在木箱里，木箱漂浮在水面上。后来木箱漂到一座山顶上。山顶上长着几棵青枫树和一丛野茅竹。兄妹俩就攀着野茅竹和青枫树，在山顶上住下来。这时，洪水退了，三弟和妹妹便对着野茅竹和青枫树说："多谢你们搭教了我兄妹两个，我们世代会把你们当神主来供。"

这一场洪水，把世上的人全都淹死了，谷种也没有了。后来，阿霹刹给了他们作物种子。可是世上再没有人与他们兄妹婚配。为了传人烟，三弟只好向妹妹求婚。可是妹妹不同意。不过，经过穿针、滚磨盘"验证"后，便成了亲。过了三年，妹生下大团血肉。他们认为这是老天爷不愿让妹成亲，就把血肉团剁成块，挂在树上。几天过去，那挂在树上的血肉块变成了一群青年男子和女子，成双成对，有说有笑，在树上吃果子。从此，世上的人就一天比一天繁衍，一天比一天多起来了。

在布依族的起源神话中，出现了雷神、天帝、太白星君、龙、精怪等涉水神灵。因为相传布依族最早的母亲是龙王的女儿，是一条神鱼，所以部分布依族分支族人不吃鱼肉。生活在罗平九龙大瀑布周边的布依族有一段古老而神秘的传说：

相传很久很久以前，罗平还是一片茫茫无际的汪洋大海。有九条黑龙和一条白龙从珠江源的荷花塘来到大海。为争夺这片大海，黑龙与白龙谁也不让谁，争夺十分激烈。白龙使出一计，独占了海子。但是，九条黑龙不服，就分头从海底打洞，把整个罗平海子的水都撤干了，变成了干坝子。白龙没有了安身之处，气死在海边，于是变成了千古雄立的白腊山。随后，有八条黑龙各开了一条河灌溉罗平一方土地，唯独黑龙们的大哥胡作非为，弄得当地干旱无雨，颗粒无收。阴府的皇上得知，便差风神、雨将、雷公、雷母前来整治。一时间，罗平大地乌风暴雨，电闪雷鸣，黑龙被整治得昏沉沉落入水底。随着一声巨响，黑龙修炼的长河被劈成三台陡潭，后人称之为三台叠水，最高的一台就是今天的大叠水即九龙大瀑布。

布依族很早就种植水稻，与水命运相连。罗平境内的多依河有一个有趣的传说：

很久很久以前，布依族部族的诸多神山在滇、黔、桂三省交界处为争神山之王而发生混战，最后只剩下“坡老”和“坡桑”。“坡老”和“坡桑”是布依语，“坡老”意思是很大的山，“坡桑”意思是很高的山。“坡老”和“坡桑”两座神山进行决斗，最终，“坡老”获胜。但“坡老”的脚被“坡桑”的剑刺伤流血不止，变成了现在的多依河，“坡桑”战败立即垮软，变成现在多依河边的田。但双方继续斗争，每到夏季，“坡桑”都要去弄“坡老”的老伤口，使得多依河每年夏季都要发洪水，而“坡老”则每年都要使多依河边的田受虫灾。

多依河流域的布依族为了消除虫灾和水患，每年的农历三月初三要过“根三粉”节，俗称“三月三”，可说是布依族的泼水节。这一天，家家户户染花米饭，到河边神滩杀鸡宰羊，祭祀龙王爷，求龙王爷莫降洪水，到神山祭祀山神，以乞求当年风调雨顺、五谷丰登、安居乐业，并在河边吃饭，青年人和小孩在河边打水仗。这就是现在多依河流域的布依族过“根三粉”泼水节的来历。

每年的农历二月二，是布依族的对歌节。这天，男女老少来到河边对唱山歌，观看划竹排比赛、打水枪。方圆几十里的青年男女则要在以后的三天中，举行盛大的游山、对歌和交友活动，歌手们可以在这样的场合中大显身手。有些能够即兴作诗吟唱的天才，能和对手对唱三天三夜甚至更长的时间，许多男女青年通过这些活动建立了爱情关系。

不仅布依族有对歌节，每年农历二月二日，曲靖水族与毗邻的贵州、广西的水族等民族的青年男女，也会穿起节日的盛装，跳高跷舞、野毛人舞，聚集对歌，情歌随着飞瀑，悠扬地回荡在山水之间：“大河涨水慢悠悠，丢棵竹子顺水流，空心竹子不落水，实心小郎妹不丢。”此情此景，正是水信仰与世俗生活的巧妙融合。

第四节　昭通市少数民族水文化

昭通市古称朱提，唐以降称乌蒙。昭通地名源于清代改土归流。昭通位于云南省东北部，地处云、贵、川三省结合部的乌蒙山区腹地，金沙江下游沿岸，辖区面积 23021 平方千米，东侧紧邻贵州毕节市，南侧紧邻云南曲靖市，西侧以金沙江为界，紧邻四川凉山彝族自治州，北侧也以金沙江为界，紧邻四川宜宾市。在历史上，昭通为云南文化三大发源地之一，处中国著名的“南丝绸之路”要冲，素有“锁钥南滇，咽喉西蜀”之称，是云南通往四川、贵州内地两省的重要门户，中原文化进入云南的关键通道，也是内地通往南亚、东南亚的大走廊。所以，昭通水文化更多地体现出各民族与中原及汉族的共通共融。

昭通的少数民族主要有回族、苗族、彝族等 24 个民族，截至 2021 年，有 19 个民族乡、145 个民族村、2150 个民族自然村，各少数民族户籍人口约 64.27 万。

一、水资源

昭通境内共有大小河流 393 条，其中，流域面积大于 100 平方千米以上的河流有 65 条。主要河流有金沙江下段水系的金沙江、横江、牛栏江、以礼河，长江上游干流水系的罗布河、赤水河，乌江水系的以萨河、泼机河。昭通市水资源总量丰富，河流多年平均年径流量为 138 亿立方米，约占全国多年平均径流量的 0.5%，长江流域的 1.4%，全省的 6.9%，但空间分布极不均匀，高山多，河谷坝区少，北部多，南部少。由于人口密度大，人均拥有水资源量 2014 立方米，低于全国人均水资源量 2300 立方米，只有世界人均水资源量的 1/5。

昭通地区水资源的主要问题是植被覆盖率低，水土流失严重。随着人口增加，为生存而毁林开荒、乱砍滥伐、陡坡垦种、开矿采石、随

九龙瀑布（倪晓辉 摄）

意弃土而无治理措施等乱象频出，土地资源、森林资源遭受年复一年的掠夺，生态环境受到较为严重的破坏，导致昭通市区域内降水逐年减少，更直接导致昭通市水资源总量减少。因此，为达到减少水土流失、增加植被、涵养水源等目的，进一步加强水保工程建设，加大植树种草、封禁管育、退耕还林（草）、保护天然林的工作迫在眉睫。

昭通境内建有水富港，是金沙江唯一能够实现 2000 吨级以上船舶江海直达运输的港口。昭通与水相关的景区主要是大关黄连河景区，景区总游览面积 220 平方千米，由罗汉坝原始森林片区、青龙洞峡谷溶洞片区、黄连河瀑布群片区、三江口自然保护片区和云台山古驿道游览线组成，简称“四片一线”。1994 年经省政府批准，黄连河景区列为省级风景名胜区，2001 年被评定为国家 2A 级旅游区。

二、与水相关的信仰

在昭通土地上，生活着汉族、彝族、苗族、回族和其他十几个兄弟民族。早在秦开“五尺道”时，汉族的先民就溯横江而上，最早在乌蒙山、五莲峰星罗棋布的山间坝子建立了生息繁衍的村落。与此同时，彝族先民也千里迢迢从北地南迁而来，在以堂琅山为中心的万山丛林中点燃了拓荒的篝火。昭通是彝族先民六祖分支的地方，是彝族的发祥地之一。之后，元末明初，或因自然迁徙，或因从征、屯垦、经商等原因，苗族、回族也先后在昭通落籍。

在威信县苗族口传古歌《创世史歌》中，有不少关于水的神话传说，比如：雷公住在天上，娶了 7 个妻子，生出一大帮雷子雷孙。众雷在天上四处狂奔嚷叫，声音响彻 48 层天，展翅 48 方地，闹得人们不得安宁。一个英雄持刀上天去将众雷斩了，只留下 4 个镇守天庭四方，主管世间的雨。

除了雷神，《创世古歌》中还出现了女娲和龙：女娲造就天地日月之后，把大量人类放到地上生活。当时龙蛮横地统治着地上，要求人类定期向它交人租，供它食用，害得人类无法生存。叉巴、叉农把此事上告天皇，天皇治罪于龙，把它们拴起来，关在大海里，并叫它们主管世间的风雨。从此，地上日月交辉，风调雨顺，人类得以安居乐业。①

对龙的信仰至今仍广泛存在于昭通彝族中。除了祭龙潭、祭龙树的习俗和“龙生夷”的观念，彝族剪纸里，龙和凤凰、游鱼等物是常见的创作表现对象。龙的图案以及以龙为主体的图案造型具有特殊的意义，只有老人、德高望重者、诞辰寿礼、仙逝者的祭祀用品才能使用龙的图案，一般人不能将“二龙戏珠”“二龙抢宝”“龙凤呈样”之类图案或绣品用于日常装饰。

水不仅具有信仰层面的内涵，还有审美层面的意义。几乎所有的河流和瀑布不但有神圣传说，有的还体现了现实生活，或极具浪漫色彩，体现了人们的审美观念，寄托了对美好生活的想象和渴望。如大关县城黄连河风景区的鸳鸯瀑、水帘长廊、大滑板、少女瀑、情郎瀑、团圆瀑、珠帘瀑、双瀑迎客、对歌瀑、水上舞台、月老、黄连河瀑布群等。水的流动，水的姿态，引发人们赋予水神圣或神秘的意象，使水不仅是可资利用的物，也是令人心动的美。

三、关河号子

说到昭通水文化，不能不提及关河号子。关河号子是昭通各民族船工航运历史和生活的记录，也是为生活而顽强拼搏、绝不服输的精神符号，是昭通水文化最独特的部分。

关河，古称朱提江，发源于五莲峰南段，位于云南省昭通市境内，

① 参见邹长铭编著:《新编昭通风物志》，云南人民出版社 1999 年版，第 175 页。

即今四川宜宾县西南与云南交界之横江河，在云南称为关河，在四川称为横江，入金沙江。清乾隆七年（1742 年）二月，关河航运开工，至乾隆九年（1744 年）竣工，航道长近百千米，水道迂曲，滩陡流急，更因两岸地势高低悬殊，沿江险滩年有变更，防不胜防，行船极为艰难。行下水时，有倾覆之虞，行上水时，难免背纤之苦，所以，船工们喊号子以统一行动，倾吐积郁，鼓舞斗志，共闯难关，成了自然而然的选择。曾经在漫漫 200 多年间，关河号子响彻关河沿岸。

关河号子分上水、下水号子，唱词多五言句、七言句，一人领唱，众人应和帮腔；或领唱上句，应和下句；音调高低，随航行经历的平水、激流、险滩等境遇而变换。难得的是，关河号子曲调虽有一定范式，并没有通行的套本，而是自由表达，见人唱人，见物唱物，触景生情，即兴而歌，或长调铺陈，或短章急奏，或慷慨激昂，或低沉悲凉，倾吐积郁，提神鼓劲，怎样适宜表达就怎样唱。

有一首记载下来的上水号子长调，船工行一路，走一路，把沿途所经过的险滩地名及当时的情绪编串成调，一路唱来，别具一格，是关河航运史的重要资料。

唱关河来道关河，嗨欧——
河弯水急险滩多，嗨哟——
剑漕、凉水（井）难飞渡，嗨欧——
马桑凼乱石铺满河。嗨哟——
九龙（滩）詹刀（溪）要启货，嗨欧——
庙口闪出两岔河。嗨哟——
……
石龙过江打筏沱。嗨哟——
三龙（滩）争斗比强弱，嗨欧——

累得老龙揪脑壳。嗨哟——

……

石门道通过盐井渡，嗨欧——

铁索桥横锁大关河。嗨哟——①

关河停航后，关河号子并没有销声匿迹，而是走上舞台，不但让老船工们想起了拉船打发艰苦日子的往事，也打动了很多年轻人。或激昂或低沉的号子，似乎至今仍响彻在关河两岸，记录了水在昭通各民族生活舞台中的重要地位，反映了人与水的深刻联系，使昭通少数民族水文化更加丰富多元。

第五节　水技术和水制度

早在3万年前，就有人类在滇池周围繁衍生息。公元前278年，滇国建立，定都于滇池一带。唐广德元年，即公元763年，南诏国国王阁罗凤来到滇池北岸昆川，见此地“山河可以作屏藩，川陆可以养人民”，即命其子凤伽异于昆川置拓东城。拓东，即“开拓东境”之意。公元765年，拓东城建成，为昆明建城之始。据考古资料判断，最早修筑的拓东城具体位置大致在盘龙江西侧，西至鸡鸣桥，南到东寺街底土桥间，既临盘龙江，又紧靠滇池，三面皆水。近年来，在东西寺塔附近的考古调查中，发现南诏建筑构件的文化层上覆盖着螺壳，说明洪水曾一次次淹没城市和乡村，也证明昆明城从诞生之时就是一座水城。长两千米的盘龙江支流玉带河据说就是南诏时所凿（也有说凿于元代赛典赤·赡思丁治滇期间），是拓东城西南护城河，因水碧清

① 邹长铭编著：《新编昭通风物志》，云南人民出版社1999年版，第150—154页。

如玉，形似翠带绕城，故名玉带河。玉带河原是土筑堤岸，明、清时改为石砌河堤。昆明历来雨季集中，雨季来临时河满塘溢，尤其是山洪滚滚而下时，往往造成水患，这就迫使南诏大理国治理河道，兴修水利。

公元937年，大理白族段氏夺取了南诏政权，建立大理国，驻节鄯阐城，城北除黑龙潭、莲花池以及长虫山下蓝、白、黄等泉眼形成的溪流外，只有一条河流，当时叫作稜河，就是现在的盘龙江。“稜”意为神灵之威，河名说明当时人们对河流敬畏有加。公元1040年，大理国国王段素兴征调役夫，疏浚江河，从松华山口开始，沿东边的山脚开挖了一条人工河，这条河的河堤叫作春登堤，堤上广种黄花，因此人们称它为金稜河。金稜河的修筑，拉开了昆明人工河道修筑的序幕。此后昆明城附近出现的很多河流，基本上都是人工河。据记载，人工堤“捍御蓄泄，灌溉大有殊功”，使“高下之田，受灌溉者数十万亩”。

据明代《景泰云南图经志》记载，大理国时期，银稜河与金稜河之间，一南一北，还连接有两道调节水量的土石围堰：佑文堰和来镇堰。以银稜河、金稜河构成的灌溉网络形成后，农耕水平大为提高，促进了鄯阐城经济社会的发展，也为元代昆明成为云南经济、政治中心奠定了基础。

元代，1276—1280年，云南平章政事赛典赤·瞻思丁面对“昆明池塞，水及城市、大田废弃，正途壅底”的情况，对滇池水系进行大规模的治理，筑松华坝分一水入金汁河，建松华闸，疏浚海口河，“期间又整治兴修金汁河，造小闸十座，涵洞三百六十个，轮序放水，自上润下，灌济全滇”。明代洪武十四年至弘治九年（1381—1496年）间，金汁河又经过数十次的整修，改土坝、土堤为石堤、石坝，并筑石堤、石坝40余千米，经过不懈努力，达到防洪灌溉的目的，并且在航运上形成“千艘蚁聚于云津，万船风屯于城垠”的壮观场面。

明代曾数次大规模地整治海口河，修建水坝，开沟挖渠，发展农业。经过历代各族人民的努力，至明末清初，昆明城基本形成了“三江（盘龙江、金汁河、银汁河）并流、两带（护城河和玉带河）萦绕、河网（以三江两带为主干，以分流灌溉和分流泄洪为主要功能的纵横交错的沟渠河道）密布”的河流格局。

滇池原来环湖地区常有洪涝水患，早在1262年就在盘龙江上建松华坝，1268年又开凿海口河，加大滇池的出流量，减轻环湖涝灾。1955年以后在湖的上游各个河流上先后修建10余座大中型水库，沿湖修建几十座电力排灌站，解除洪涝灾害，并确保农田灌溉和城市工业、生活用水。今天的滇池与古滇池相比，湖泊范围、水位、库容、周边民族和相关文化发生了很多变迁。

自古以来，滇池就是经济文化中心，水技术发达。而在相对落后的少数民族山区，水技术和水制度同样有着悠久的历史，并各具地方特色。如禄劝县太平乡居住的明朗人自称撒尼，说是由昆明朗九村搬去的。据调查，清初李老珠带领族人先到富民地方开水沟，后来李老珠后代到禄劝与施内矣地方陆马头协议，在对面山头开一条工程浩大的水沟，分给陆家一股水，换来一半田地，就在此住下。这条水沟在山腰，上游用沙石打坝，拦蓄原来倾泻而下深箐的泉水，从这里起，在悬崖绝壁上迂回前进十二三里后，到村口处分作两股，一股让给陆家，一股让给李姓。两水共灌溉1000多亩水田，在两水分界处立了碑记。这条水渠工程浩大，有一段全为石崖，不仅施工困难，测量设计也不简单。另有记载，清光绪年间，蒙化土知府派人在塔湾开挖沟渠，引阳瓜江的水对周围田野进行灌溉，使“旧时荒芜，悉成沃野”。[①]

总之，在滇中和滇东、滇东北地区，历史上既有着较发达的水利

---

① 黄龙光：《上善若水：中国西南少数民族水文化生态人类学研究》，商务印书馆2017年版，第93页。

技术，也有着以因地制宜、就地取材为特点的传统的水技术。水制度则与其他少数民族地区一样，由神灵的威慑、民间规约、水倌制度共同组成，整体性保护了云南少数民族地区的水环境。不过，随着社会的发展，传统的水技术和水制度已经被现代水利技术和现代水管理制度取代，很多水技术设施要么成为旅游业中的文化象征符号，要么走进了博物馆，成为了历史。水神信仰正在消失，越来越多的年轻人不再那么虔诚地相信祖辈所信仰的水神，不再对水怀有敬畏之心，他们更相信人定胜天，相信人类依靠自身的能力可以控制和利用水。不过，以水为商品的观念在全球越来越强势，人类一味地追求经济发展也已经付出了沉重的环境代价，这一点已经在气候变化、水危机、资源危机、自然灾害等问题上体现出来，有目共睹。当然，也有很多有识之士洞察到了这一点，产生了深深的忧患意识，无论是联合国相关组织还是各国政府、民间环保力量都正在呼吁保护水资源、保护生态环境并作出实践努力。人类的命运面临着前所未有的巨大转折，未来如何，取决于我们当下的观念和行为。在这样的关键时刻，重新审视云南各少数民族的水文化智慧和经验具有重要的现实意义。

第三章　滇南滇东南少数民族水文化

滇南与滇东南即红河哈尼族彝族自治州和文山壮族苗族自治州，这片土地的少数民族以哈尼族、彝族、壮族、苗族为主体。

第一节　红河哈尼族彝族自治州少数民族水文化

红河哈尼族彝族自治州地处云南省南部和东南部，与越南毗邻，辖区面积 3.293 万平方千米，截至 2022 年底，辖 4 个市、6 个县、3 个自治县，常住人口 440.5 万人，是一个多民族聚居的边疆少数民族自治州，有汉族、哈尼族、彝族、苗族、傣族、壮族、瑶族、回族、布依族、布朗族、拉祜族共 11 个世居民族，少数民族人口 290.42 万人，占总人口的 61.8%。

一、水资源

红河境内河道属珠江、红河两大流域，其中珠江流域面积 12837.2 平方千米，红河流域面积 19343.8 平方千米。州内大小河流众多，境内集水面积在 50 平方千米以上的河流有 180 条，其中珠江流域有 65 条，红河流域有 115 条。集水面积 100 平方千米以上的河流有 94 条，其中珠江流域有 41 条，红河流域有 53 条。集水面积 1000 平方千米以上的河流有 14 条，其中珠江流域有 5 条，红河流域有 9 条。红河流域主要河流有红河、李仙江、藤条江、南溪河、小河底河、小黑江、牛孔河、盘龙河、大梁子河。珠江流域主要河流有南盘江、泸江、甸溪河、沙甸河、曲江。河流径流总量 142.9 亿立方米。

红河发源于云南省大理白族自治州，在中国境内称为元江，全长 686 千米，沿东南方向流经巍山、南华、新平、元江、红河、石屏、元阳、建水县、个旧、蒙自、金平、河口等县、市，进入越南后称为红河。红河支系纵横，沿岸是高山峡谷，海拔从河底的数百米一直到峡谷顶端的几千余米，河水狭窄湍急，进入越南，才慢慢变得平缓开阔。元江有数百千米的河谷地带，居住着上百万不同民族，有汉族、哈尼族、彝族、傣族、拉祜族等，各民族在河谷两岸繁衍生息，在漫长的岁月里创造发展了红河流域发达的农业文明。[①] 自明代以来，红河流域的各族居民在红河两岸的山坡上创造了复杂庞大的灌溉系统，修建了大量的梯田，种植水稻，创造了独特的梯田农业文化。

红河境内最有名的湖泊是异龙湖。异龙湖位于石屏县城东郊，是云贵高原著名的湖泊之一，碧波浩渺，进入盛夏，湖内荷花争奇斗艳，清香远溢，吸引了众多游人前来旅游观光，成为石屏县一项不可或缺的重要旅游资源。湖口河向东流经建水，会旷野河而为泸江，汇南盘江流入珠江。异龙湖原名玉龙湖，以湖向南岸的玉龙山得名，后误写为“五龙湖”。明崇祯二年（1629 年），据说出现了白日龙升天的奇异景象，所以更名为异龙湖。据资料所载，秦汉时已有此湖，湖北岸龙潭很多，为湖源所在。异龙湖面面积 39 平方千米，总蓄水量 2.2 亿立方米，海拔 1414 米，东西走向，长约 15 千米，宽约 3 千米，水平均水深 2 米，最深处约 7 米，平均水深 4 米。湖泊南北岸碧峰高峙，秀水拍岸；东西岸地势平坦，土地肥沃，是滇南风光迤逦、物产丰富的

---

① 参见郑晓云：《水文化与生态文明——云南少数民族水文化研究国际交流文集》，云南教育出版社 2008 年版，第 34 页。

鱼米之乡。湖中水草繁茂，湖有 3 岛 72 湾，明清时建有来鹤亭、焕文塔、罗色庙、回澜阁、水月寺、广胤寺等名胜。古人有诗云："倒压青山影，空明一叶舸。胸中九云梦，水上百东城。"傍晚，夕阳拂照着青山，湖水变成了金黄色，在风平浪静的湖面，可驾一叶小舟看夕阳西下。盛夏时节，海菜花和莲花在湖上盛开，乘舟游湖，诗意无限。异龙湖畔主要居住着能歌善舞的彝族，彝族对水的崇拜主要体现在祭龙仪式上，这一点，红河彝族与云南其他地区的彝族大同小异。

二、与水相关的信仰

哈尼族自称和他称有"哈尼""糯比""糯美""奕车""白宏""腊味""阿梭""布都""期的""各和""碧约""卡多""哈欧""西摩洛"10 余种。自称称谓多源于祖先名，有的源于居住地名，或服饰、图腾及其他。共和国成立后，根据本民族意愿，统一称哈尼族。据 2022 年统计，红河州的哈尼族人口有 90.60 万。

各民族居住地的水资源等条件决定了他们的生计方式，也决定了他们的信仰生活。主要聚居于红河南岸红河、绿春、元阳、金平四县和建水县部分地区的哈尼族以种植水稻为主要生产方式，水是稻作的命脉，因此哈尼族有着很多与水相关的神话传说，每年还有不少与水相关的祭祀仪式。

在哈尼族的神话中，水神金鱼娘是最大的神，她不但创造了天地，还创造了天神、地神、水神等其他大神。神话说：

在远古的时候，世上一样也没有，上面没有天，下面没有地，到处是白茫茫的雾露。这些雾露翻过来滚过去，一下也不停，不知翻滚过多少年代，慢慢地在下面变出一片望不见边的大海。这个时候，上面的雾象（像）一口黑锅罩在平平的大海上。

这个时候，在大海里活着一条大金鱼，名叫“密乌艾西艾玛”，这就是生下万事万物的金鱼娘。金鱼娘是世间最大的了，它的身子有九千九百九十九个缅花戚里[①]长，七十七个缅花戚里宽，它在大海里晃动着，度过了数不清的年月。它每过一百年就把身子翻一回，翻过七十七回身子，就睡醒过来。它的右鳍一扇，把下面的雾露扫干净，露出蓝汪汪的天；它的左鳍一扇，把下面的雾露扫干净，露出黄生生的地，天有了，地有了，只是这个天地不是给人在的，天是天神的在处，地是地神的在处，人在的天地还没有。

又不知过了多少年代，金鱼娘来把大神生养，它把巨大的鱼鳞张开，一片鱼鳞透出万道金光。它的鱼鳞一抖，从脖子那抖出两个大神，就是天神俄玛和地神密玛。她的鱼鳞又一抖……这些大大小小的神，天上地下的神就多起来了。[②]

在哈尼族起源神话里，象征着水的金鱼娘是最大的创物主，其他所有的神灵都是她创造的，包括水神、雨神、雷神、水沟神等无不如此。这或者象征着水对于种植水稻为生的哈尼族来说，有着至高无上的地位。

流传于云南省金平苗族瑶族傣族自治县的哈尼族地区有着接新水的习俗，缘起故事说：

从前，有一对夫妇住在一个偏僻的山寨里，他们的住房附近有一股常年流淌的清泉。他们终年辛苦劳作，勉强能糊口。他们生下天真活泼的女儿那年，天大旱，好几个月未下一滴雨，种子不会发芽，长出来的也被晒死了。他们想，难道女儿也要像刚出土的苗一

① 哈尼语，意为一眼所看到的最大极限。

② 刘辉豪、阿罗编:《哈尼族民间故事选》，上海文艺出版社 1989 年版，第 1—2 页。

样被饿死吗？于是他们拼命劳作，从房子边的清泉挑水浇苗，到了秋天，也只有很少的收获。新年那天清晨，丈夫起早到清泉抬了一竹筒水回来，倒一些在锅里烧开水。水烧开打开锅盖一看，锅里的水全变成了白花花的银子。夫妇俩从此过上了幸福的生活。从此，哈尼族就有了新年第一天清早接新水的习俗。[①]

有人说，在云南这块土地上，每一座山头都有美妙的故事，每一条河流都有优美的传说。在红河沿岸的哈尼族地区，流传着一个关于红河与藤条江的爱情故事。故事说：

红河然密是一位美丽的姑娘，她的老家在遥远的德威（洱海）海心，她是洱海龙王最美丽的小女儿，非常顽皮，不畏高山峻岭，经常到哀牢山的山峰间玩耍，到各处赶街。有一天，她来到他朗（元江）的街子上，遇到了英俊的藤条江[②]小伙子，两人相约去河口赶街。到了约定之日，红河然密精心打扮，她用岩上的清泉洗脸，用鲜红的朝霞做脂粉，用哀牢山的绿树青草做衣裙，用山顶的缕缕白云做头巾，耳边戴上哀牢山的妥底玛依花，迎着春风，沐浴着阳光，迈着轻盈的脚步，喜悦地上了路。太阳当顶的时候，她来到了河口街子，这里十分热闹，有来自蒙自的南溪河姑娘，有从小朝地（越南地名）来的小朝姑娘，还有来自各山箐的许多姑娘（河流），情人们成双结对，可是太阳落坡的时候，藤条江还没有来。失望的红河然密哭了，只好跟着小朝姑娘去了密密竹林的家，叮叮咚咚地弹奏着响篾，期待藤条江的到来。原来，藤条江睡过了头。直到太

① 云南省少数民族古籍整理出版规划办公室编：《云南民族口传非物质文化遗产总目提要·神话传说卷》上卷，云南教育出版社 2008 年版，第 305 页。

② 藤条江为李仙江（黑水河）支流，发源于云南省红河哈尼族彝族自治州红河县宝洞山，流入越南后称南那河。主要支流有乌拉河、猛平河、三家河、金平河、金水河等。

阳阿波把他叫醒，他才匆匆忙忙去赴约，高一脚低一脚地赶路，火气腾腾，所以我们看到藤条江的水流十分湍急。天黑的时候，藤条江才到河口街，可是街子已散了。他一边冲自己发火，一边寻觅，辛辛苦苦才找到红河然密，两人会合了，告别了小朝姑娘，来到宽广的大海，在大海成了家，直到现在还住在那里。①

哈尼族的民间传说有不少与龙相关。在“云海的传说”里，红河曾经清澈如镜，河边的虾洞里住着一位美丽的白龙姑娘，邪恶的怪魔黑沙看上了她，两人厮杀得满山尘土飞扬，魔鬼被杀得血流满山，染红了河水，从此清澈的红河变成了混浊的红河。②

红河哈尼族对龙的崇拜体现在生活的方方面面，比如哈尼族传统节日十月年和六月节。按照哈尼族的历法习惯，农历十月为新旧替换的年末岁首，要过哈尼年，也叫十月年，以农历十月第一个属龙日为新年的开始，即从辰龙日起，至申猴日止，历时六天。十月年称为“扎勒特”（“扎勒特”为哈尼语，意即捏做糯米面团子）。哈尼族另有一个盛大的节日叫“矻扎扎”，又称六月节，节日历时三至五天，从六月的第一个属虎日开始，属龙日要祭献水田，荡秋千的时候要从龙头荡三上三下。

红河南岸等地的哈尼族以多神崇拜为主，涉水神灵有龙和龙树神“阿玛阿搓”，祭祀仪式主要围绕农业生产和建寨进行。祭天、祭山、祭龙都是重要的祭祀。红河县宝华乡借湖村的哈尼族每年在腊月属牛的日子祭龙，祈求风调雨顺、五谷丰登。之所以选择牛日，因为他们认为牛日这天是龙的生日。但若这一天有人过世，就必须等待下一个

① 刘辉豪、阿罗编：《哈尼族民间故事选》，上海文艺出版社 1989 年版，第 139—142 页。

② 参见刘辉豪、阿罗编：《哈尼族民间故事选》，上海文艺出版社 1989 年版，第 143—145 页。

属牛的日子。仪式一共进行3天，第一天为属牛日，第二天为属虎日，第三天再为属牛日，一般相隔13天。仪式之前，全村选出一个“米谷”（龙头），也就是仪式的主祭人，由巫师用鸡脚占卜算出这个人是否合龙神的心意。然后，再由全村选出一个侍从来协助主祭人。节日第一天，全村人都碾糯米粑粑，为献饭做准备。主祭人吹哨子通知每家参加仪式，每家要收取一定费用，一般是5到10元。然后，买一头猪、一只公鸭、一只公鸡、一只母鸡，先用活物在龙神下祭龙台祭祀，杀了煮好之后，再献一次。如果有当年生了孩子的家庭，会以烟酒和糯米叩头祭献龙神，一是请龙神接纳孩子加入本村，二是请龙神保佑孩子吉祥平安。然后，每家拿一点儿生肉回去献饭。老人说，这时候，龙神就会从龙树上下来，挨家挨户地享用供品。仪式中，每家除交钱以外，还要带柴火和蔬菜等，在龙树周围煮饭吃，因为这是龙的生日盛会。但是，参与餐宴者只能是当家的男性。饭后，如果还有剩余的食物，第二天就在主祭人家里举行会餐，这次宾客一般是村里的老人。餐后，主祭人和助理敲着铓送龙回到龙树，再叩几个头，才能回家。但13天后的属牛日还要再进行结日仪式。龙树是哈尼族村子里的最神圣空间，有很多传统禁忌，如出车祸的人和办婚事都不能从龙树周围经过，老人说不能打扰了龙。

龙树被认为是哈尼族的保护神。一般来说，不同的家族有不同的龙树，每个村寨有共同的龙树或龙林。龙林是神圣不可侵犯的。过去，不准进入龙林放牧，妇女也不准随便进入龙林。与祭龙相联系的还有祭水，祭时点香叩头、淘清水井，祭品分给寨内各家。祭龙的时间，每个地方不统一。有的在腊月，有的在正月，有的在阴历二三月间。虽然妇女不能参加祭龙，但在元阳的下主鲁寨，主祭人必须男扮女装，这也许是由于祭龙产生于遥远的母权制时代，当时的祭师由女性担任。此外，还有6月的祭水，也是水信仰的重要内容。

不仅哈尼族过祭龙节，红河石屏、元阳一带的彝族每年也要过祭龙节，而且过两次，第一次在农历二月第一个属龙日，第二次在秋收前，称“赔龙”，意为感谢龙王爷的雨露之恩。石屏的彝族祭龙时，祭牌上刻有一龙一虎的图案，意味着龙和虎一样，是彝族重要的图腾。

彝族的龙信仰甚至与最负盛名的火把节来历相关。传说在红河地区的西盟山上住着66户人家，山下有条河，河里有条金牛，常常吃小孩。村民们求鲁班师傅治服金牛，鲁班发动全村找来柴禾，刻了12条木龙，农历二十三的晚上，到河边点燃柴禾，火光照得金牛睁不开眼。村民又把木龙放入水中。二十四日，金牛被木龙追得想逃往天上，结果被雷击死。所以，为了纪念鲁班师傅，彝族在农历六月二十四要举行火把节。[①]

据说，彝族龙神的源头和原型是彝族远古部落英雄祖先阿龙（即支格阿龙），他为了保护石屏县彝族花腰人的先民，被妖魔残忍杀害。在石屏县哨冲镇彝族花腰人观念中，龙神是一个牺牲自己、造福百姓的英雄，被视为彝族先祖。“彝族的三魂观认为，人去世后一魂被指路经超度返回远古祖先居住地，其余两魂栖息于家屋和寨子旁边的密林或坟场中，在风水最好的寨旁密林中，栖息着阿龙的灵魂，这就是彝族龙林或龙树林。”[②]石屏花腰人举行祭龙仪式，祈求来年风调雨顺、五谷丰登，仪式还包括舞龙、舞狮活动。显然，红河彝族的龙神不仅主宰着水，还具有繁衍后代、保护村社、知晓吉祥灾变、驱逐祸邪等多元职能，与中原汉族的龙神有所不同，具有一定的地区性和民族性。

彝族认为只要有水的地方都有神。彝族大多居住在山高谷深之处，水源大多为山泉水，对水的崇拜，集中反映在对水井、水槽、水沟、水塘的祭祀上。在选寨之初，就要选择有水源的地方。几乎每个村寨

① 参见于志伟主编：《新编红河风物志》，云南人民出版社2000年版，第82—83页。
② 龙倮贵：《红河彝族传统节日研究》，中国社会科学出版社2016年版，第6页。

都有出水的水塘，人们认为水塘是龙踩下的脚印，所以把村中供人饮水的水塘称作龙潭，认为龙神就住在龙潭里，所以普遍有祭祀龙潭的习俗。水是如此重要，平时，要对龙潭进行精心保护和修葺，在举行祭祖仪式时，也要同时祭祀水神。龙潭是“神泉”或“神井”，神圣不可侵犯，不能在龙潭边谈情说爱，经过龙潭时必须严肃恭敬，不能大声喧哗，严禁人畜进行糟蹋，不能抛物于潭中，不能砍伐潭周围的树木，否则会触犯龙神而招致祸患。天旱时要集中到龙潭边进行祭祀，设坛、燃香，供猪头、酒，往龙潭里丢铜钱硬币，进行祈求祷告。为了取悦龙神，除了在天旱时祭祀外，在平时也要定期祭祀龙潭。这些深深传承于精神世界的信仰和禁忌对保护彝族的水资源环境起到了至关重要的积极作用。

在红河傣族的神话里，水和气体、烟雾、狂风是最早存在的物质。神话《英叭神创世》中说：

> 相传远古时候，没有太阳、月亮和星星，天和地也未形成。整个太空充满着翻腾滚动的气体、烟雾和狂风，下面是一片白茫茫的大海，海面上漂满了泡沫。狂风不停地刮了亿万年，把烟雾、气体和泡沫搅拌在一起，最后凝结形成一个大圆体，在茫茫无边的太空继续上下浮动了阿松亥年，最后竟然演变成了有耳、有眼、有嘴、有鼻，手脚齐全的创世神王——英叭。①

红河傣族也过泼水节，传说天神昆尚忌妒人间的幸福生活，所以修改了历书，在本该栽秧的季节写上“不下雨”，秋收的季节写上“下大雨”，这下人间遭了殃。爱民的四大臣修改了历书，得罪了昆尚，他准

① 岩香主编：《傣族民间故事》，云南人民出版社 2009 年版，第 3 页。

备把四大臣杀死。四大臣为了人间百姓的福祉，说服昆尚的7个女儿用头发杀死了昆尚。为了防止昆尚复活，7个女儿轮流抱着昆尚流血的头颅，于是人民用水泼洒，从此，傣族就有了泼水节。

泼水节可谓是傣族人民的狂欢节。节日之前，家家户户准备好了盆和桶，时间一到，急不可待地涌向溪边、泉边、池边，尤其是青年男女之间，简直是一场泼水大战。此外，河上还要进行龙舟赛。一条条龙舟整装待发，发令枪一响，争先恐后，百舸争流，热闹非凡。

第二节　文山壮族苗族自治州少数民族水文化

位于云南省东南部的文山壮族苗族自治州，北与曲靖市相连，东与广西百色市接壤，西与红河哈尼族彝族自治州毗邻，南与越南社会主义共和国接壤。文山是以壮族、苗族两个民族为主要民族的多民族聚居区，全州共有汉族、壮族、苗族、彝族、瑶族、回族、傣族、仡佬族、蒙古族、白族、布依族11个世居民族。地域上具有“汉族住街头、壮族住水头、苗族住山头、瑶族住箐头”的分布格局，少数民族居住地域占全州土地总面积的94%以上。

一、水资源

文山境内河流主要属红河流域珠江水系，主要河流是盘龙河和那么果河。全州流域面积大于50平方千米的河流共154条，大于100平方千米的河流共52条，大于200平方千米的河流共38条，大于300平方千米的河流共30条，大于500平方千米的河流共22条；有普者黑湖、浴仙湖、老乌海、差黑海4个天然湖泊；有中型水库13座、电站大型水库2座；渠首流量1立方米每秒以上的渠道91条。

有“世外桃源”之称的普者黑湖位于丘北县锦屏镇西北14千米，

普者黑（倪晓辉 摄）

双龙营乡普者黑村西北侧，湖以村名。“普者黑”是彝语音译，“普者”意为鱼虾，“黑”为塘，意即“盛满鱼虾的水塘”。当地人又称其为“珍珠湖”。普者黑湖为高原淡水湖，属珠江水系，由清水江西流水源汇积而成，湖水自南流出，汇入仙人洞湖，最后进入南盘江。湖面呈不规则“十”字状，湖水面积 5.3 平方千米，岸线长达 20 千米，平均水深 4 米，水色透明，湖底、湖岸均为泥滩质，湖中产草鱼、鲢鱼、虾、蟹等。普者黑景区总面积 388 平方千米，是发育典型的喀斯特岩溶地貌，以“水上田园、湖泊峰林、彝家水乡、岩溶湿地、荷花世界、候鸟天堂”六大景观著称。景区内 54 个湖泊相连贯通，2 万亩水面清澈透明，312 座孤峰星罗棋布，83 个溶洞千姿百态，13 千米大峡谷雄伟壮观，3 千米茶马古道神秘古朴，还有 4 万亩高原喀斯特湿地。美丽的普者黑湖泊养育了周边的彝族和壮族人民，水信仰深深地铭刻在他们的精神深处，每年的彝族花脸祭龙节和壮族祭龙节正是这种传统信仰的生动演绎。

二、与水相关的信仰

文山壮族和傣族都以水稻为主要作物，在砚山县壮族地区有很多与稻作相关的传说。如壮族支系布傣祭乜榍（树神）和濮侬过荷处（祭树神）的故事，反映了水的重要性和水林关系。

传说，祭祀乜榍与过荷处节的来历是这样的：

据说布傣和濮侬是同父异母所生，分居后，各住一个地区以种稻谋生。有年两地同时遭灾，去求教大神布洛陀和摩驼戛。布洛陀说："你们种稻的水从村头的大森林里来，回去杀两只鸡祭林里的那棵古树，保你们风调雨顺，稻谷丰收。"布傣问何时祭，布洛陀说："你们布傣在二月祭，濮侬在三月祭。"至今，每逢农历二月和三月，各地壮族人民仍祭祀乜榍和过荷处节。①

流传于云南省砚山县壮族地区的壮族生活风俗传说《布傣茨菇粑与濮侬火草粑》同时反映了壮族和傣族生计与水的紧密联系。

相传，壮族濮侬和布傣两个支系的祖先是同父异母所生。分居时，父亲贫寒而身无分文，将布傣儿放入井水里去逃生，把濮侬儿放入河里去寻生路。井边生长茨菇，布傣掏茨菇为食，后代也学种植茨菇，时逢二月敬神节，舂糯米茨菇粑做供品。河岸生长火草，濮侬人采集火草嫩尖拌糯米舂成火草粑，时逢三月祭树神，端火草

① 云南省少数民族古籍整理出版规划办公室编：《云南民族口传非物质文化遗产总目提要·神话传说卷》上卷，云南教育出版社 2008 年版，第 345 页。

粑祭神。至今，布傣仍在制作茨菇粑，濮侬也还在制作火草粑祭树神。[①]

壮族流传最为广泛的水神话还有“螺蛳姑娘”。水信仰则主要体现在“图额”观念和祭龙节中。在壮族创世史诗《布洛陀经诗》中，布洛陀和雷王、图额（壮语音译，意为水中神奇动物，汉译为“蛟龙”“龙王”）是三兄弟，并称“三王”，雷王居上界（即天上），布洛陀居中界（即人世间），图额（龙王）居下界（即海洋中）。作为壮族 12 图腾之一，图额是壮族崇拜的水界之神，司掌江河涨落和水中一切生物。人们传说，在歌圩节之夜，神秘的图额龙神甚至会变成姑娘或小伙子，与人们对歌。

此外，蛙作为壮族 12 图腾之一，也反映了壮族人的水信仰。传说青蛙是天神雷王的儿女，雷王把它们派到人间，负责呼唤雨水。只要雷王在天上听到青蛙的鸣叫，就播降雨水。所以，壮族每年春节都有祭蛙神的活动，赞颂青蛙的功德，祈求风调雨顺，稻作丰收。

祭龙也叫祭“竜”（竜即神灵之意）。文山地区的壮族年年祭“竜”，时间一般为每年的农历三月的第一个属蛇日，所以祭龙节也称“三月三节”。每到祭“竜”时，以村寨大家族为单位，每个小家族里出一户代表，按年轮流负责收取费用、购买供奉用品等事务。祭祀那天，户主和族长一起早早来到村寨的“竜”山里，在族长的带领下，在龙树下举行隆重的祭“竜”仪式。仪式中，首先要说祭词，内容主要是告慰龙神，表示在大家的共同保护下，山林没有遭到破坏，并发誓未来要继续尽力保护山林水源，免遭外人破坏，祈求龙神保佑全村安居乐业，万事如意。仪式完成之后，村里男性户主在树林里聚餐，边吃边商议

① 云南省少数民族古籍整理出版规划办公室编：《云南民族口传非物质文化遗产总目提要·神话传说卷》上卷，云南教育出版社 2008 年版，第 343 页。

家族和村寨的重要事项。

文山壮族崇尚龙神和龙林、龙树，是因为壮族建寨必依山傍水，自古与森林共存，森林是水源所在。所以，壮族不但要尊重保护溪泉河流，还要尊重保护龙树和龙林，不允许砍伐开荒，否则要受到重罚。因为壮族人民对森林的崇拜和精心呵护，使得山林云雾缭绕，古木参天，山泉长年流淌，从而保证有充足的水源支撑稻作生产，造就并延续了稻作文化。

三月三祭龙节不仅是娱神的日子，也是娱人的节庆，是神圣与世俗相互融合的水文化。按传统，祭龙节要过三天，其间，全村人不再上山下地劳动，而是要积极参加村里组织开展的各种仪式活动和娱乐活动，才能事事顺利。节日期间，方圆数十里的壮族男女青年，都会穿上节日盛装在龙林附近进行对歌，谈情说爱，寻求终身伴侣。所以每年“三月三”又称“歌圩”或“歌节”。不过，壮族祭龙节的时间并不一定就在三月。砚山县壮族的祭龙节一般在农历二月初一至初三举行。农历二月初一，各个壮族村寨都要祭“龙神”，壮语称为“弄遮”或“弄处”。二月初一这天清早，每户出一男性长者，先到村外龙山举行祭祀，求龙神保护农事、风调雨顺、五谷丰登。“祭龙”分大祭和小祭，大祭则要宰牛，小祭杀猪宰鸡。有的村寨还举行舞龙表演，届时每家准备一盆清水，当“龙”队从门前经过时，就用水泼龙身，象征风调雨顺。

龙信仰不仅存在于彝族、壮族、哈尼族、白族等民族中，苗族也信仰龙，并有祭龙仪式，甚至还有招龙仪式。文山苗族“七兄弟河的故事”说：

有一条河名叫白河，流到我们村子的下面，被一大片石沙将河水分成了两半，直到一百多米后河水才又重新汇流在一处，这一段河流，叫“七兄弟河”，它有一段动人的传说。

很久以前，我们苗家迁徙到这里，在白河边上定居下来，开荒种地，辛勤耕耘。可是，一条可恶的老龙来到小白河，在河中堵起了一个深不见底的大龙潭。老龙经常出来到寨子里捉牛马牲口吃，有人路过大龙潭旁，也会被叼去吃了。有时还趁白天大人不在家时捉小孩吃，弄得人心惶惶，白天不敢出门做活，晚上也睡不安稳。寨子里有一户人家，有七兄弟，他们都已成年，一个比一个大，个个虎背熊腰，力大无比，他们看到老龙使寨子的人都不得安宁，很是气愤，决心要杀死这条可恶的老龙。七兄弟打制了七天七夜的刀，又磨了七天七夜，之后，杀鸡宰鹅，吃了一顿饱饭，养足了力气，每人扛着一把磨得快快的大刀，到白河的龙潭里杀老龙去了。七兄弟去了七天不见回，七兄弟走了七夜不见转，寨子里的人等了七天七夜不见七兄弟的身影，全寨男女老少就到河边去看，龙潭不见了。七兄弟的尸骨和老龙的尸骨伴着泥沙、石头把龙潭填平了。原来，七兄弟和老龙都战死在河里了。老龙死了以后，人们才有心思上山开荒种地，开始新的生活，为了永远纪念这英勇杀龙的七兄弟，人们就把这一段河取名为七兄弟河。[①]

位于砚山县城西 42 千米处的浴仙湖沿岸居住着彝族、壮族、苗族。相传在很久以前，浴仙湖是专门供七仙女沐浴的。一天，七仙女下凡沐浴，她们在湖上布了一扇缀有鲤鱼图案的华丽屏风，以免被凡人窥探，之后便在湖水中尽情嬉戏。笑声惊动了湖中的水族，鲸鱼和鲤鱼浮上湖面，湖边一家三兄弟也想透过屏风一睹仙颜。正在这时，天上突然传来一声怒斥和一道雷鸣，原来已被天上的王母娘娘发现。受惊的七仙女飞走了，慌乱中将两颗珍珠和屏风遗落在湖中，鲸鱼和鲤鱼

① 文山壮族苗族自治州苗学发展研究会：《文山苗族民间文学集》，云南民族出版社 2006 年版，第 114 页。

也因遁逃不及滞留湖面，分别变成今日的大珍珠、小珍珠、鲤鱼、鲸鱼四岛及水上屏风。而那三兄弟被那一声巨响抛在空中，各分东西，从此，三弟兄再也不能互相往来，只能各自生息繁衍，分别成为海子边彝族村、新塘苗族寨、接音坡壮族村。

丘北县普者黑湖畔的彝族祭龙节，在每年的农历二月初二到二月初八举行，期间抹花脸是传统习俗，近年来，吸引了众多游客，所以祭龙节也称为花脸节。在抹花脸之前，要举行核心的祭龙仪式。祭礼由村中德高望重的老人主持，祭坛设在龙树下，每家由当家男性把烧好的猪头抬到龙树前献祭，目的也是祈求新的一年驱魔辟邪、五谷丰登、平平安安、风调雨顺等。祭龙之后，男女青年在村头河边用锅烟灰互相抹花脸，脸被别人抹得越黑，就象征着更吉祥幸福。同时，抹花脸活动还成了年轻男女选择意中人的好时机，脸被抹得越黑表示情意越深。

抹花脸的习俗记载了文山彝族曾依水而居的民族历史和古老的山神龙神信仰。相传在很久以前，滇池和洱海一带的彝族不堪忍受战乱和压迫，背井离乡，携妻带子，在漫漫原始森林中寻找乐土，最终在丘北定居，过着幸福的生活。他们认为在诸神中，山神的力量最大，哪怕水都来自山神所赐，所以山神是他们最大的崇拜神和保护神。因为山神肩负水神的职能，所以又称为龙神。在一次祭拜中，有一妖魔变成山神爷，要求村民献出两对美女，否则就要降临灾难。大家听了十分惊慌，后来，当妖魔来的时候，聪明的彝族人用锅烟子和臭蒜互相抹黑脸，打扮成又臭又黑的丑八怪，妖魔赶紧逃走了，再也没来难为彝人。从此，每年农历二月的第一个属蛇日或猪日，毕摩[①]就要率领彝

① 彝语音译。又称“呗玛”“布摩”“腊摩”。彝族男祭师。通晓彝文经书，熟知彝族历史。彝家人相信“毕摩”能“通神通鬼”，是人与“鬼神”间的中介。从事祭祀、占卜、驱鬼、祛灾、作帛、做斋、治病、开路、祭祖等活动。主要法器有毕摩帽、鹰爪、神扇、神铃、捉鬼灵签等。传习彝文经典。参见杨学政主编：《中国南方民族宗教小词典》，中国书籍出版社 2012 年版，第 21 页。

村每一户户主携带香、纸和供品到“龙山”敬献神灵，持续 4 天。

第三节　水技术和水制度

红河地区的傣族、哈尼族以稻作为主要生产方式，开辟了数量惊人的沟渠。据调查，仅以红河中游的红河县、元阳县、绿春县、金平苗族瑶族傣族自治县 4 县为例，1949 年，这 4 个县一共修建成引水沟 12350 条，到 1985 年增加至 24745 条，灌溉面积近 60 万亩，其中流量在每秒 0.3 立方米以上的骨干沟渠达 125 条。红河上游的元江县，至 20 世纪初全县修筑了大小水沟 79 条，其他的小水沟达 2000 多条，灌溉面积 4268 亩；到 20 世纪 80 年代初，全县已经修建水沟 2300 多条，灌溉农田 58800 多亩。20 世纪 50 年代，元阳县有引水沟 2600 条，到 20 世纪 80 年代末有 6246 条。水沟构成了灌溉系统网络，不仅数量惊人，同时工程也是巨大的，有的水沟长达二三十千米，也有的小水沟仅用竹子相接成为引水管道，长达两三千米。经过红河流域各民族人民数百年的艰苦付出，从几百米的小水沟到几十千米的水渠，构建成了一个庞大的灌溉系统，源源不断地将水供到数以百万亩计的农田中，哺育了红河沿岸上百万的民众，形成了灿烂的农业文明。

云南省红河元阳哈尼族传说，梯田是由天神派下凡的三位使者教人类修造的。三位使者分工协作，一位负责挖掘台地，一位负责修造田埂、路径，还有一位负责开沟放水。负责开沟放水的使者，长着鸭嘴一样又长又硬的嘴，很快开凿了一条条沟渠，并放山泉水灌满田地。人们就学会了技术，满山满坡修出层层梯田。哈尼族梯田稻作文化的命脉系于水，因用水量大，大小沟渠纵横密布，才能开垦出举世瞩目的万仞梯田。哈尼族认为，平时有土地神、沟神管辖着土地水沟，所以开沟前，要用鸡鸭祭祀土地神和沟神，请求得到允许和保佑，祈求开沟过程顺利安全。

开挖沟渠的具体方法有流水开沟法。在正式开挖前，先以目测的方式确定大体的沟线，再逐段以线测方式将沟线全部连接。沟线确定后，采用边放水边开挖的方式，从沟头逐段向沟尾施工，这种挖沟方式的最大好处是可以最大限度地减少水沟线的水平落差，尽量扩大水沟开通以后的灌溉面积，可以保证水流到哪里沟就开到哪里，不断掘进直到全线贯通。这样一来，可以大大降低劳动强度，提高开沟挖渠的效率。如果有巨石横卧沟线，就采用火攻与水攻相结合的办法。先用猛火烧红巨石，再猛浇冷水，烧红的石头遇冷迅速脆化开裂，顺着裂缝即可用锄头或木棍轻轻敲开，如此循环，直至将石打通。如果遇到断崖或者凹箐，通常架设木槽或竹槽引渡沟水，或用土石方填平，再在填高的顶部开沟。或者二法并用。[①]通常，还要在沟头水源处地水流湍猛处筑一堵斜坡沟堤，长度5—10米，减缓沟水的流势，沟堤以粗木竹子为桩"一"字排开，堤桩之间以山藤扎紧后，用大小石头垒砌，这样能有效稳固地缓冲沟堤。[②]

红河流域的水资源得益于森林的涵养。哀牢山区的高寒山地覆盖着茂密森林，仿佛一座座天然水库，保证了长年有水源源不断地流出。如元阳县境内年雾日多达180天，山岭终年云雾缭绕，给一年四季带来了丰沛的降水。所以，当地流传着"山有多高，水就有多高"的说法。人们巧妙地利用自然资源，修建河沟渠，将水引进村寨和梯田，满足了梯田农业的灌溉。[③]另外，一块块梯田也就是一个个水塘，常年蒸腾，使得山区一年中约180天都有雾，湿度可达85%，年均降水量

---

① 参见白玉宝：《红河水系田野考察实录》，云南民族出版社1999年版，第52页。

② 参见杨六金、王亚军：《哈尼族沟渠文化研究——以红河哀牢山区座洛村为例》，《云南社会科学》2011年第6期。

③ 参见杨六金、王亚军：《哈尼族沟渠文化研究——以红河哀牢山区座洛村为例》，《云南社会科学》2011年第6期。

可达约1397毫米，气候湿润，使得降雨丰沛，土壤滋润，天然植被和人工植被都常年滋长繁茂。[①] 总之，森林和梯田共同构成了良性发展的红河流域农业体系。

红河地区的水管理技术和制度最具代表性的是刻木分水。刻木分水，指的是开田时，由寨老们按各家梯田的实际用水量和投入修沟开渠的劳动力和支出，公议确定刻度，刻度的制作必须公正、公平、精确，至少应该分两个口，最多的开有十几个刻口。木刻要沿灌溉路线安置，从主沟到支渠，节节分水，安放好以后，不能私自乱动，一直到木刻腐朽后才照旧换新。分水木头大多用当地一种多年生“黑心树”做材料。这种木材质地坚硬，耐水泡，在水里越泡越硬，可以使用数年不坏。木刻禁止私开或偷开，否则会受到严厉处罚。据说，绿春县大水沟乡大果马村曾发生过一起因私开木刻受罚的事件。被举报后，村里寨老们对其罚款330元（当时大果马村村民人均年收入不足1200元），并令违反者用这笔钱请村里老人们吃饭，并在席上给全村人道歉，保证下不为例。此后，这个村里再也没有发生过木刻分水的违规现象。

为了护水管水，红河民间各民族都立有相关规约。红河州绿春县城方圆数百里内的13个哈尼族村落，在祭祀场所左侧的水泥墙上都镌刻有水规，规定水源500米之内，不准埋葬，不准野炊、洗澡、钓鱼，不准采摘一草一木，不准放牧，违者最低罚款366元，上不封顶。20世纪50年代以前，绿春县骑马坝的傣族法规规定，若毁坏水源林和沟渠，根据情节轻重，按33、66的数额进行惩罚，33即罚33斤肉、33斤米、33斤酒。66即罚66斤肉、66斤米、66斤酒。在当时的经济物质水平下，这些惩罚是非常沉重的负担，也因此有效地约束了人们的

---

① 参见张谨、张红榛：《盛住了水，稳住了土》，《中国国家地理》2011年第6期。

行为。

文山壮族、瑶族等少数民族的水技术和水制度与其他民族类似。水技术首先是寻找水源、掘井汲水、筑坝蓄塘的能力和方式方法。壮族和瑶族把自然泉源称为龙潭，注重保持潭水洁净，并在周围植树以涵养水源。为了灌溉农田，各民族积极修建沟渠，每年修复引水水槽是一项重要的工作，一般都是全村集体进行，修复的过程中每家都必须出劳力，对破坏水槽的人要进行处罚，这一切都是村寨社会生活中重要的传统规范。

总之，红河和文山的少数民族发挥群体才智，创造了就地取材的水技术，形成了以水为核心的稻作文化，另外，以丰富的水神话和水信仰、民间规约、水倌制度建立了保护山林水源的一系列水制度，充分展现了少数民族爱水、护水、管水的民间智慧和经验。

第四章　滇西南少数民族水文化

滇西南地区包括普洱市、西双版纳傣族自治州、临沧市，与缅甸、老挝、越南接壤，水能丰富，澜沧江、红河、怒江等大江大河水系均有支流流经，是云南水能蕴藏量最大的地区。滇西南主要生活着哈尼族、彝族、傣族、拉祜族、佤族、布朗族等少数民族，水文化多姿多彩，引人入胜。

第一节　普洱市少数民族水文化

“普洱”为哈尼语，意为水湾寨。普洱市位于云南省西南部，东临红河和玉溪，西北连临沧，南接西双版纳，北靠大理和楚雄。西南与缅甸毗邻，东南与越南、老挝接壤，国境线长约 486 千米，包括 9 个少数民族自治县：镇沅彝族哈尼族拉祜族自治县、澜沧拉祜族自治县、西盟佤族自治县、宁洱哈尼族彝族自治县、墨江哈尼族自治县、景东彝族自治县、景谷傣族彝族自治县、江城哈尼族彝族自治县、孟连傣族拉祜族佤族自治县。

普洱是云南民族成分较复杂的地区之一，居住着汉族、哈尼族、彝族、拉祜族、傣族、佤族等 14 个世居民族。由于哀牢山、怒山、无量山三大山脉由北向南纵贯全境，红河、澜沧江、怒江三大水系顺势南下，流经东南亚，注入太平洋、印度洋，众多的河谷地带既是从大陆通向海洋的走廊，又是民族迁徙流动的通道。据研究，历史上就有许多古代民族从高地沿着河谷迁往低地地区，并在迁徙的过程中逐步定居下来。可以说，普洱地区是古代人类迁徙的中心地带，同时也是众多古代民族活动的舞台。所以，普洱的水文化蕴含着丰富多元的元素，我们在各民族水文化中会看到众多似曾相识的内容，这是因为山同脉、水同源，同饮一江水，共烧一山柴，不同民族文化有着共同的灵感来源，而且云南少数民族水文化一直处于相互影响和融合过程中，所以不同的民族、不同的地区文化既有差异性、民族性、区域性，又相互联系，在某些面向具有重要的共通性。

一、水资源

普洱有着“一地连三国，一江通五邻”的美誉。“一地连三国”指的是普洱具有对东南亚国家开放的独特区位优势。普洱国境线长达 486 千米，普洱市 4 个县的 16 个乡（镇）分别与越南、老挝、缅甸三国接境，并与泰国和柬埔寨相邻，有国家二类开放口岸孟连和 18 条对外陆路通道。“一江”指的是亚洲最长的河流澜沧江—湄公河，全长 4909 千米，把中、老、缅、泰、柬、越 6 个国家联系在一起。

从地名来看，普洱与水颇具渊源。普洱水资源丰富，水能蕴藏量 1500 万千瓦，澜沧江、红河、怒江三大水系纵贯全境，是“西电东送”“云电外送”的重要基地。普洱市还是通往东南亚国家陆路和水路的主要通道，唐宋时就形成了茶马古道，清代被列为云南三大海关重镇之一，如今已形成陆路、水路、航空相配套，内外通达的立体交通网络。①

普洱市境内河流有威远江、恩坑河、芒绵河、南景河、小黑江、普

① 参见张海珍、李娅玲编著:《普洱民族文化概览》，云南大学出版社 2009 年版，第 3 页。

洱大河、西山河、景谷河、昔饿河等，有 11 条流域面积大于 100 平方千米的一级支流。此外，普洱境内大河还有黑河、南甸河等。

威远江上游称勐统河，河长 84.5 千米，发源于无量山南端朝阳山南麓，向南流入靛坑河水库总库容 2722 万立方米，有效灌溉面积 29.3 平方千米。威远江汇入口至小黑江汇入口为中游段，中游段河长 128.2 千米。威远江与小黑江汇口以下至澜沧江汇口为下游段，又称小黑江，河长 61.5 千米，为景谷县与思茅区界河。

发源于无量山的李仙江是红河的最大支流，发源于南涧县，经景东、镇沅、墨江、思茅等县（区），上游由把边江与阿墨江汇合而成，进入越南后称黑水河，全长 974 千米。境内河道长 480.3 千米，流域面积 19366 平方千米，年径流量 872 亿立方米，实测最大流量 21000 立方米 / 秒。李仙江历史上是一条传统的通商河道，水运繁忙，沿江傣族曾以水运为生。

发源于思茅镇城南班福山的思茅河，由南向北纵贯思茅坝，其主要支流有石屏河、石龙河、洗马河、梅子河、曼连河、老杨箐河、机场左河，汇流后，思茅河经石龙过峡口出城区盆地，流入宁洱大河并入小黑江，进入澜沧江，干支流总长 58.392 千米，其中思茅河长 14.6 千米。

江流辗转于崇山峻岭之中，沿岸接近沙床处多为悬崖峭壁，时有奇洞异石，时有浓绿的青枝翠蔓垂拂江边。山林中野禽出没，鸟鸣猿啼声不绝，江岸边蜻蜓点水、蝴蝶群飞，江中不时还可见傣家妇女划着独木刻成的猪槽长船泛舟运输，或有男子张网捕鱼，沿江漂流，奇异风光美不胜收。

二、与水相关的信仰

普洱人口最多的少数民族是哈尼族，其水信仰比较具有代表性。普洱哈尼族主要分布在内地县的山区半山区和江城一带，澜沧县、孟连县也有少量分布，墨江则是全国唯一的哈尼族自治县。

哈尼族民间史书中载："天是哪日造的？地是哪日造的？天是属龙那天造的，地是属蛇那天造的。造天的是哪个？造地的是哪个？阿龙把天一片一片辟出来，拉沙把地一块一块开出来……哈木把地界划出来，戛卡把大路辟出来，欧卡把水沟开出来，螃蟹把水分出来，鸭子把水引出来……"①

普洱哈尼族以农作经济为主，哈尼族的宗教信仰围绕着稻作农耕展开，村寨后面的竜林是水源林地，是村寨神居住的地方，不能随意进入，不能亵渎破坏，还要定期祭祀。普洱哈尼族和其他地区的哈尼族一样，相信泉潭溪流都有神灵居住，而把泉源称为龙潭。神话《患难兄妹传人种》体现了水的重要性和龙神信仰：

很早以前，大地上没有山，也没有河，只有一个又一个的龙潭。卡波寨旁有个龙潭，全寨人靠龙潭的水浇灌庄稼。一年，天大旱，庄稼颗粒无收，人们为了活命，上山打猎剥树皮充饥。野兽打完了，树皮剥光了，又到龙潭里捕鱼，最后捕到一条大鲤鱼，全寨高高兴兴地饱餐一顿。谁知，夜里下起了大雨，一下就是九十九天，洪水淹没了寨子和田地。这是龙王在报复人类吃了它的子孙和水族。一家人有兄妹俩，哥哥叫者比，妹妹叫帕玛。聪明的兄妹钻进一个大葫芦，逃过了厄运。他俩漂到哀牢山停下来，出来一看，洪水已经退尽，人们全都死了，平坦的大地变成高山和河谷。他俩望着光秃秃的大山，愁得哭起来。女神奥玛乘着五彩云霞飞来，要

① 黄慧：《哈尼族民间史诗·十二奴局》，云南人民出版社 1989 年版，第 1—11 页。

他俩成亲，繁衍人类……[①]

哈尼族认为万物有灵，水是神灵给予的生命血液。十月年节是哈尼族最重要的节日，相当于汉族的春节，以每年十月的第一个属龙日为节日的开始，历时六天。以龙日为始，体现了对水的敬畏和重视。此外，哈尼族崇拜水井神，每逢农历二月二龙抬头日都要举行祭祀仪式。仪式当日，在祭司“莫批”的带领下，全村人员来到水井边，设置高高的祭台，供奉米、酒、茶、烟、果、肉等祭品，包括一只公鸡和一只母鸡，并在水井水神龛插上香，祈求水神保佑井水水源充足，洁净卫生，让村民喝了身体健康，牲畜饮了健壮。有些水井旁会竖立一块“山神水”木牌。另外，哈尼族认为田间水沟也存在水神，庇护着农田灌溉，所以也要适时祭祀。同时，哈尼族认为森林和大山是水的家，只有保护好森林、大山以及一草一石，才有清澈甘甜的水，所以，哈尼族非常重视水源林的保护。[②]

普洱佤族对于水的崇拜和信仰是根深蒂固的。西盟马散佤族村寨每年祭水神的时间长达 6 天。佤族一年中的第一个全寨性的祭祀节日是佤历一月初一至初三（公历十二月）的接新水节，其来历是为了祭祀水神“翁木”，祈求风调雨顺。第一天，全寨男子要集体修补水槽，引新水入寨。祭师“魔巴”带上老鼠干巴、米和鸡蛋等祭品，带领村民到水源地迎接水神回寨。新水进寨后，“魔巴”站在水槽旁，念诵颂词，手持撕成梳子样的芭蕉叶做出给水神梳头的动作，然后用小竹筒接上最神圣的第一筒水，用于做整个村寨的“神水饭”。接新水仪式完毕后，人们争先恐后地冲向水槽，接新水冲洗全身，企盼得到水神的庇佑，

---

① 张海珍、李娅玲编著：《普洱民族文化概览》，云南大学出版社 2009 年版，第 192 页。

② 参见张群辉：《哈尼族传统水崇拜及其现代变迁》，《红河学院学报》2018 年第 4 期。

来年安康幸福。之后，男女老少通宵达旦，欢歌跳舞，一方面表达对水神的敬仰和感谢；另一方面表达心情的喜悦幸福。[①]当然，仪式和节庆所蕴含的意义和功效是丰富多元的，并不仅此而已。

祭雷也是水文化和水神信仰体系的重要内容。傣族、布朗族、哈尼族、彝族都有祭雷风俗。墨江一带哈尼族每年第一声春雷响后的第13天，要在家院中设篾桌，供糯米团子，并插香祭雷，祭后才可耕地播种。

与水相关的仪式既包括专门对水神所做的祭祀，也往往作为其他仪式中的一部分而存在。比如勐海布朗族在播种前要祭谷魂，仪式过程中，要滴水祭水魂。普洱哈尼族、彝族等民族都有祭龙或祭龙潭（泉水或水潭）的传统，并形成许多与水有关的禁忌，如不准在龙潭里大小便，不准将污物脏水倒入龙潭，禁止在水源地随便杀牲，等等。[②]

在普洱，泼水节是傣族、布朗族等民族的年节，是全民参与的狂欢节。除了泼水节，孟连县的神鱼节也久负盛名。神鱼节的来历传说与佛祖和水稻种植相关。据说在很久以前，佛祖派神鱼到孟连送谷种，却途中不慎被魔鬼捉住，拿到火上烧烤，身子被烤得卷起来，一只眼睛也凸出来。痛苦不堪即将死亡的神鱼忽然想起身负送谷种的使命，便拼命跃入河中，终于把谷种送到了孟连。至今神鱼还双眼发白，一只眼珠往外凸出，尾巴卷曲，身上留着被火烤过的痕迹。有了谷种，孟连的人民开始种植水稻，生活有了很大改善，但是还不尽善尽美。紧接着。佛祖又派神鱼和蕨菜结伴到孟连来。所以，为了接受佛祖的恩赐，每年的4月，人们就尽情地在河里捉鱼狂欢，神鱼节就这样一代一代流传下来。神鱼节的传说反映了远古时期渔业曾是孟连傣族等民族主要生计方式之一，也反映了南传佛教对该地区的深远影响。

---

① 参见李娅玲：《普洱文化通论》，云南人民出版社2009年版，第136页。

② 参见李娅玲：《普洱文化通论》，云南人民出版社2009年版，第113页。

第二节　西双版纳傣族自治州少数民族水文化

地处云南省最南端的西双版纳傣族自治州是一片神奇美丽的土地，板图横跨唐古拉—昌都—兰坪—思茅和贡山—腾冲两个褶皱系，以澜沧江断裂为分界线，总面积 19582.45 平方千米，东北与江城县、普洱市相连，西北与澜沧县为邻，东南部、南部和西南部分别与老挝、缅甸山水相连，邻近泰国和越南，边界线长达 966.3 千米，约等于云南省边境线总长的 1/4。

西双版纳辖景洪市、勐海县、勐腊县共 3 个县（市）。截至 2022 年底，西双版纳傣族自治州常住人口 130.8 万人，共有 13 个世居民族：傣族、汉族、哈尼族、彝族、拉祜族、布朗族、基诺族、回族、佤族、壮族、景颇族、瑶族、苗族，其中傣族是主体民族。

一、水资源

西双版纳境内河流属于澜沧江水系，大大小小的河流有 2761 条，河网总长达 12177 千米，河网密度 0.633 平方千米。全域水资源丰富，总量达 145 亿立方米。澜沧江发源于青海省唐古拉山脉岗果日峰的扎曲，流经昌都后始称澜沧江，是中国最长的南北向河流。澜沧江在景洪市河段干流总长 174 千米，流域面积 7093 平方千米，于勐腊县南腊河汇口流出国境，出境后称为湄公河，流经缅甸、老挝、泰国、柬埔寨、越南 5 国后汇入南海。

西双版纳地表水资源量来自 3 部分：一是澜沧江干流过境水量，径流总量 555.2 亿立方米；二是发源于境外的河流汇入本州境内，径流总量 23.6 亿立方米；三是州内降雨产生的地表水，总量为 119.2 亿立方米。有 8 条主要河流：澜沧江、普文河、南阿河、南腊河、南览河、补远江、流沙河、南果河。从西双版纳流出国境的总水量达 695 亿立

孟连傣族拉祜族佤族自治县泼水节（张翠兰 摄）

方米，地下水资源总量达 22.52 亿立方米。

二、与水相关的信仰

傣族主要聚居在云南省西双版纳傣族自治州、德宏傣族景颇族自治州以及耿马和孟连两个自治县，其余的主要散居在景东、景谷、思茅、澜沧、新平、元江、金平等 30 多个县。西双版纳傣族自称“傣泐”，汉族称其为水傣。傣族人民喜欢依水而居，爱洁净，常沐浴，所以被称为“水的民族”。傣族发展出了稻作文化，不仅有着独特的水技术和水制度，还创造了丰富的水文化精神。

在傣族民间故事“文身的故事”中，傣族最初并非稻作民族，而是以渔猎为生。传说，古时候，江河里到处是鱼虾，人们不种田地，专门靠捕鱼捞虾与狩猎度日。那时，人们想吃鱼就捕鱼，想吃虾就捞虾，天天和江水、河水打交道。后来，江河里出现了一种叫“披厄”的怪物，这怪物吃鱼、虾，还伤害到江河里捕鱼捞虾的人。从此，江河里的鱼少了，虾也少了，那些畏惧“披厄”的人也不敢再到河中去捕鱼捞虾。可是有一个名叫艾比竟的小伙子却不怕“披厄”，他照样扛着渔网到河里去捕鱼捞虾。却说大河底有一座龙宫，龙宫里住着一条老龙，老龙有 7 位龙女，有一天，龙女正在沐浴，发现艾比竟过来，赶紧变成 7 条红尾鲤鱼，躲在一块岩石下边，结果最小的龙女被艾比竟网走了。老龙听说后，派了一位大臣去救龙女。大臣跟艾比竟说了鲤鱼的来历，建议艾比竟亲自把鲤鱼送回龙宫，并为他在身上刺了鱼鳞花纹。文身后的艾比竟走进大河，河水竟为他哗哗让路。龙王为了感谢他，把龙尾上的宝石送给了他。艾比竟回家后，给乡亲们讲了文身的来历，大家都跟着文身，从此又可以到河里捉鱼虾了，怪物见了文身，吓得拼命逃走了，再也不敢伤人。从此，傣族就有了文身的传统。[①]男孩到 11 岁左右，即请人文身，文身的图形大多以虎、豹、狮、龙、蛇、鹰为主。

过去，傣族崇拜“龙神”和“龙树”，水和林是傣族的宗教崇拜对象，在创世史诗和南传佛教经典中反复强调古训：有林才有水，有水才有田，有田才有粮，有粮才有人。傣族认为水和风、火、土共同组成自然界，傣族医药理论认为，自然界存在着 4 种物质，称“四塔”，即“瓦约塔”（风）、“爹卓塔”（火）、“阿波塔”（水）、“巴塔维塔”（土），

---

① 参见勐腊县民委、西双版纳州民委编：《西双版纳傣族民间故事集成》，云南人民出版社 1993 年版，第 65—70 页。

万物生长离不开这4种物质，健康是人体内的“四塔”之间保持相对的动态平衡和协调的标志，同时也表明体内“四塔”能与外界的“四塔”保持这种动态平衡和协调关系。

傣族相信水能驱邪治病、洁身健体、带来幸福，是神圣的吉祥之物，所以每年举行泼水节，互致祝福。傣族用黑陶制作祈吉的滴水器，傣族寺庙佛殿中的柱脚处通常会有一个落水小洞，根据滴水的情况占卜，若有不吉要请佛爷念经解除。

敬水拜水仪式是傣族宗教文化的重要组成部分。傣族的节日，多与宗教活动有关，活动过程又往往离不开水，水在各种仪式中有着重要的作用。傣族最主要的节日有关门节、开门节和泼水节等。关门节，傣语为“毫瓦萨”，举行时间是傣历9月15日（公历7月中旬）。开门节，傣语称“翁瓦萨”，举办时间在傣历12月15日（公历10月中旬）。在这两个节日当天，各村寨的男女老少都要到佛寺举行盛大的赕佛活动，向佛像佛爷敬献美食、鲜花和钱币，在佛像佛爷前念经、滴水，求佛赐福于人。

西双版纳泼水节的传说与其他地方不同。传说，有一个魔王非常凶残，霸占了7位美丽的姑娘。7位姑娘用魔王的头发勒死了魔王，但魔王的头落在哪里，哪里就着火，于是，一位姑娘只能抱着魔王的头颅，其他姑娘挑水来泼，终于泼灭了火，人民才开始了安居乐业的生活。为了纪念这七位姑娘，傣族人新历年的时候要过泼水节，祈求风调雨顺、五谷丰登、六畜兴旺。泼水节的清晨，男女老幼首先沐浴，然后身着盛装到佛寺赕佛，并在寺院中堆沙造塔，之后大家围塔而坐，聆听佛爷念经。此外，妇女们各挑一担水为佛像“洗尘”。寺庙仪式完毕，青年男女相互泼水，成群结队四处游行，泼洒行人以示祝福。除此之外，傣族群众还要在澜沧江举行声势浩大的龙舟赛，赛后就将龙船拆散放进佛寺的竹楼里保管，第二年泼水节到来之前，再把拆散的龙船拼装起来。拼装龙舟被称为“旱黑”。

哈尼族神话《创世纪》解释了天地万物的来历、河流山川的起因，《合心兄妹传人种》叙述了人类经历了严酷的洪水灾害继续繁衍的故事，《祭龙春规矩歌》反映了哈尼族祭龙的习俗。歌里唱道：“神啊，我们用大猪来祭献你，我们拿醇清的高粱酒给你喝，请你保佑全村男女老少四季平安，出门的男人无灾无难，走遍天南海北都不怕。”

西双版纳哈尼族以每年 10 月第一个属龙日为节日的开始，历时 6 天。以龙日为始，体现了对水的敬畏和重视。西双版纳哈尼族爱仍支系的主要节日嘎汤帕节，“嘎汤”指万物复苏、新的一年开始。节期为 4 天，农历十月的第一个属牛日至属龙日，以祭祖、宴请、娱乐为主要内容。节日期间，家家煮米酒、杀猪宰鸡、备办酒肉饭菜和茶叶，在阿培波罗祖先灵位前奉祭、祈祷、相互宴请，开展打秋千、打陀螺等活动。男女青年相约对山歌，尽情娱乐。节日的时间以牛日为始，龙日为终，也正象征着水的崇高地位和对龙的崇拜。西双版纳“长街宴”在农历十月的哈尼新年期间举行，历时 3 天，全寨公推一位德高望重的老人主持祭龙仪式，全寨农户分为三拨轮番做东：每家办一桌精美的酒菜，抬到街心，一起摆成 100 多米长的长龙形状的街心盛宴。

流传于勐海县的哈尼族地名传说《姑娘寨》讲道：

姑娘寨原叫阿联铺（阿联寨），相传寨旁原有一泓清泉，泉水清澈明亮。一天，泉水里突然出现了一个屙黑屎、黑尿的怪物，把泉水弄得臭气熏天，并时常上岸抓鸡捕牛。于是，寨里的男人们组成捕怪队，日夜守候在泉水边。谁知怪物喷出狂风黑雾，让男人们不能动弹，然后把他们全都吃掉了。阿联铺变成了男人稀少，姑娘众多的村寨。为了消灭怪物，村寨中美若天仙的那娥姑娘四处打听战胜怪物的办法，终于从一位老人口中得知，只要找些毒药泡在水源上，让毒汁流入泉水中，怪物必死。那娥姑娘便挖来毒草药投在泉水源头上，让毒汁流进了泉水中。不久，怪物果然销声匿迹，泉水又变得清澈明亮了。因为寨里姑娘众多，美女如云，又出了个驱怪女英雄那娥，人们便把寨子更名为姑娘寨。[①]

西双版纳彝族有着丰富的史诗类诗歌，其中《洪水的故事》《天地万物的起源》反映了彝族对人类起源的认识，另有题材广泛的童话和寓言如《天神的哑水》《吹笛少年与鱼女》等，简短有力、想象奇特、寓意深远，反映了水对人类生产生活和精神世界的深远影响。

第三节　临沧市少数民族水文化

临沧市地处云南省西南部，东邻普洱市，北连大理州，西接保山市，西南与缅甸交界，地处澜沧江与怒江之间，因澜沧江而得名，是昆明通往缅甸仰光的陆上捷径，有 3 个国家口岸和 17 条通道。

截至 2022 年，临沧市辖 1 区 7 县（临翔区、云县、凤庆县、永德县、镇康县、耿马傣族佤族自治县、沧源佤族自治县、双江拉祜族佤族布朗族傣族自治县），77 个乡（镇、街道），行政村（社区）947 个，其中，行政村 876 个、社区 71 个。临沧市少数民族众多，民族风情浓郁，除了汉族外，还有 23 个少数民族，11 个世居少数民族，分别是彝族、佤族、傣族、拉祜族、苗族、德昂族、白族、布朗族、傈僳族、回族、景颇族。临沧是佤族文化发祥地之一，沧源佤族自治县是全国仅有的两个佤族自治县之一。临沧市的佤族源于古代的百濮族群，自称“巴饶”“阿佤”等，1962 年以后统称佤族，主要分布在沧源、耿马、

① 云南省少数民族古籍整理出版规划办公室编：《云南民族口传非物质文化遗产总目提要·神话传说卷》下卷，云南教育出版社 2008 年版，第 322 页。

永德、双江、镇康等地，有自己的语言文字，佤语分为布饶克、阿佤、佤 3 种方言，主要信仰原始宗教，部分信仰汉传佛教和基督教。临沧布朗族的先民是云南古代的濮人，他们是临沧最古老的土著居民之一，主要分布在双江、云县、永德、耿马。布朗族有自己的语言而无文字，主要信仰原始宗教和南传上座部佛教。临沧德昂族分属“牢普劳”“牢普茅”支系，由勐卯（今瑞丽）和缅甸迁入。主要分布在镇康、耿马、永德 3 地。德昂族有语言无文字，主要信仰原始宗教和南传上座部佛教。

一、水资源

临沧市河流分属澜沧江和怒江两大水系，集水面积大于 1000 平方千米的河流有 7 条，即罗闸河、南捧河、永康河、小黑江、南汀河、勐勐河和南滚河。

临沧多年平均水资源总量为 232.27 亿立方米，有大小河流 1000 多条，县级以上集中饮用水源地水质 100% 达到国家一、二级保护区要求，人均水资源量近 1 万立方米，是云南省人均水资源量的 2 倍。市内城镇过境河流水质均控制在Ⅳ类水体标准以上，是云南 16 个州（市）中生态较好的州（市）之一。临沧由于降水充沛，河流纵横，落差较大，蕴藏着丰富的水能资源，仅澜沧江临沧段就建有漫湾、大朝山、小湾 3 座上百万千瓦的水力发电站。除澜沧江、怒江干流外，其他河流水力资源也十分丰富，据测算，理论蕴藏量达 298.3 万千瓦，开发量 151.23 万千瓦，是国家重要的水电能源基地。

澜沧江流经临沧市境内 200 多千米，在此段已建 3 座百万级千瓦大电站：漫湾、大朝山、小湾电站（亚洲最高坝电站），三大电站形成了澜沧江高峡百里长湖景观。两岸山峰秀丽，苍峻巍峨，珍稀动植物繁多。湖面风平浪静，湖湾半岛星罗棋布。沿线依次分布着澜沧江大峡谷、云海山庄、忙怀、曼志新石器遗址、朝山寺、滇缅铁路遗址、民族风情村、电站景观等众多景点。

南汀河被称为临沧的母亲河。南汀河源于临沧地区东部临翔区博尚镇，贯穿临沧地区 6 个县。南汀河名系傣语音译汉字河名。“南”，是水的意思；“汀”或“定”“丁”，其译音发音不同而有“弦琴”“瘴毒”等意，所以“南定”意为弦琴水。传说古时傣族定居在临沧坝，有一对青年男女在河岸谈情说爱，姑娘口渴了，小伙子下河取水，一时找不到盛水器皿，就用随身背的直弦琴鼓盛水给女方喝，河水因此而得名。

临沧温泉资源丰富，如临沧温泉、永德温泉、凤庆温泉、镇康温泉、云县温泉、双江温泉等，仅永德境内就有温泉 16 处之多。除了温泉，还有溶洞暗流，与温泉共同构成奇妙的景观。阴历每月初八和十五为温泉洗澡吉日，参与者众多。过去，大温泉往往还建有龙王庙，以供日常祭祀和节庆祭祀，但因失修被毁等原因，现存龙王庙较少。

二、与水相关的信仰

佤族史诗《司岗里》讲述了人类的起源，认为人类是从葫芦里出来的：

> 很古的时候，人和动物生活在一起。有一年，天神降下大水，始祖达摆卡姆就牵了一条母牛，站在一个猪槽里。后来，世上的人都被水淹死了，只剩下达摆卡姆和母牛。一天，天神让达摆卡姆与母牛交配，后来母牛生下来一枚葫芦种子，达摆卡姆就把葫芦籽种下。达摆卡姆死后，葫芦藤上结出一个巨大的葫芦，里面传来了人说话的声音。小米雀就用尖利的嘴凿开了葫芦，人类就从葫芦里出来了。“兄弟们从葫芦里出来，生活在一起多亲热，一片谷子大家多亲热，一只花貂大家捉；兄弟们从司岗里出来，生活在一起多欢

乐，一堆甜荞大家吃，一道山泉大家喝；兄弟们在大地上成长，生活在一起多快乐，跳的是一样的舞蹈，唱的是一样的歌。”佤族认为各民族都是从葫芦里出来的，并且先出来的是佤族大哥，其次是景颇族二哥，第三是傣族三哥，第四出来的是汉族四哥，最后出来的是拉祜族弟弟，各民族是一母所生的兄弟姐妹，大家互相帮助，和睦相处，团结友爱，共同繁荣。[①]

沧源、耿马等地的佤族民间有敬水或称接新水的习俗，实际上就是对水的祭祀。每年的佤历端月，全寨每户都出一位男子，带着竹水槽到水源头处集聚。主持祭祀者要杀鸡驱邪、清理水源，参祭人员则依次更换竹水槽，一直从水源到村寨，最后到管水人家共餐。接新水之夜，全寨男女老少，欢歌跳舞以庆贺。除清理水源，也要修理水井和水沟，清除其中的脏物和废水，等到大年三十祭了水神之后，才能饮水。

云县傈僳族民间流传着一个“大壮斩妖龙”的故事：

很久以前，有一条妖龙四处作祟。它能在天上吞云吐雾，让大雨倾盆而下，让人间变成一片汪洋；它能在河里兴风作浪，冲毁道路、桥梁；每到收获的季节，它就兴云布雨，把成熟的粮食糟蹋得精光，使辛苦劳作了一年的老百姓忍饥挨饿。一天，有一对母子到河里打鱼，第一网就网到了红、黄、白三条鲤鱼。正当母子俩高高兴兴推备撒第二网的时候，河水突然暴涨，狂浪一阵接一阵地向他们冲来，把他们卷入河中。他们的亲人到处寻找，找了六天六夜也没有找到。亲人伤心地哭啊哭啊，哭干了眼泪，哭瞎了眼睛。这件

① 林超民主编：《云南乡土文化丛书·临沧》，云南教育出版社 2003 年版，第 71—72 页。

事让一个武艺高强、身高体壮、专为人们打抱不平的名叫大壮的人知道了，他非常愤怒，下决心一定要除掉这条妖龙。他花了一天的时间，磨了两把非常锋利的大刀，徒步来到母子俩遇害的地方。他正要下河，一个叫鬼谷子的大神挡住他，对他说："凭你这个样子是斗不过妖龙的。你只要用菖蒲叶绕住妖龙的脖子，它的头就会立刻掉下来。"大壮按照鬼谷子先生的办法，顺利地除掉了妖龙，为当地的人民除了大害。从此以后，傈僳族人民过端午节的时候都要在自家的门口挂上菖蒲叶，以驱邪避鬼。[①]

永德县境内高山居住的彝族支系俐侎人是一个神秘的族群，与水相关的信仰有祭龙、安水碗、沐浴节等习俗。沐浴节在二月初八前后，人们杀鸡煮肉祭祀祖先，之后到温泉洗澡。妇女先洗，男人则忙于砍柴、盖伙房、杀鸡煮饭。夜晚人们聚集在野外的平地上，吹响芦笙，拨动三弦，通宵达旦载歌载舞。景颇族认为水井和溪旁都有水神，一年要祭祀一次，祭品有鸡、猪等，祈求水神保护全寨人畜平安。布朗族也是每年要祭一次水，在河边进行。[②]

临沧傣族泼水节是傣历新年，又称堆沙节、桑刊节、插花节，傣族语为"过必高"，意为辞旧岁。举办时间在傣历6月，相当于公历4月15日或16日。在过去，节日的具体日子要由熟悉傣历的高僧临近时推算，节日一共10天，正节有3天。节前各家各户都要筹备好相关物品，包括米花、炸粑粑、酒肉等。节日期间活动内容有：堆沙，赕佛，赛鼓。赕佛的时候，各家各户都带上丰盛的饭菜和蜡条，到佛寺朝拜，请佛爷念经、滴水、悼念亡人。泼水是泼水节最重要也最激动人心的环节，青年男女间，以相互泼水表达圣洁、吉祥的深情。英俊潇洒的

① 林超民主编：《云南乡土文化丛书·临沧》，云南教育出版社2003年版，第76页。

② 参见武定云编著：《新编临沧风物志》，云南人民出版社2000年版，第81页。

小伙和美貌少女是被泼水最多的对象。主客之间，多用柳枝或鲜花蘸洁净的水洒往对方衣领后，不像青年男女之间那样随意洒泼，相互表达祝福之情。

对龙的信仰和接新水的习俗普遍存在于临沧地区各民族。各民族普遍过春节，并在农历正月初一的时候，男人早起，到沟头井旁取水，以第一个抢到水头为吉利，并用取来的水给供桌上的净水碗换水。还要用新水煮汤圆，煮好汤圆后，先祭献庙宇天地，再一家共餐。景颇族的大年初一接新水活动也富有祭祀色彩。初一凌晨，鸡叫头遍时分，就要到水边焚香化纸，向“水神”说一声“我背新水来了”，以祈祷吉利。

过去，临沧地区的彝族、拉祜族、布朗族、德昂族等普遍盛行祭龙活动，祭期各地不一，多在春季进行，目的在于祈求龙王保佑平安、风调雨顺。德昂族祭龙以村寨集体进行，届时，男女老幼前往水池河畔，宰猪杀鸡祭龙。布朗族视祭龙为祭寨神勐神的重大祭祀，在村旁龙树林举行。祭时献米念祈祷词，祈求寨神勐神保佑全寨清吉平安。平时，一律禁止砍伐龙树林。彝族祭龙以村寨为单位进行，选择在农历二、三、四月间的一个属龙日，在水源地选棵大树祭献，以求丰年。永德松林大出水地方的汉族亦兴祭龙。①

祭龙王是布朗族蒲满人重大的节庆。每年农历二月初二，全村父老家长齐聚村外的龙井边举行祭祀。祭龙前数日，全村先推选一位负责祭龙的管事，蒲满语称“契当”，“契当”要准备梅菜、柴草和饭铲、饭碗、锅、水桶等炊具，并主管组织一切祭龙事宜。全村各户凑米二筒（折合二斤二两）、酒一罐（约二市斤）、买猪一头，每户由家长代表参加。一切准备妥当后，大概在中午时分，全村聚集在龙井旁，举

① 参见武定云编著：《新编临沧风物志》，云南人民出版社 2000 年版，第 80 页。

行正式的祭龙仪式。先由歌手吹奏唢呐、芦笙，弹三弦，绕龙井三转，返村后进“契当”家再吹奏一番，绕香桌三圈，始散。祭龙时，祈求龙王保佑，莫使井水干涸，水源充足，人畜能饮到清水，田地得到灌溉，祈求风调雨顺，庄稼丰收。祭祀仪式完成后，一般在龙井边聚餐，每户可分得生猪肉一份。也有的村寨不分生肉，全村老幼凑了米、酒、盐等到“契当”家聚餐。晚饭后，全村男女青年齐聚“契当”家打歌。打歌前，由“契当”将托盘上的猪头递给打歌头，打歌头接过托盘绕桌三转，边唱边舞，然后将托盘放在桌上，点三炷香，插在猪鼻上，其余男女则踏歌而舞。但是在祭龙当晚禁止对歌，只有外村青年前来参加打歌者，才可对唱。打歌至深夜，“契当”要以米花糖茶招待众人，拂晓前，还要给打歌者煮宵夜。祭龙结束后，头人召集村社会议，选出次年的“契当”，着手筹备次年祭龙的一切事宜，如筹款、饲养祭猪等。

祭龙曾普遍流行于黄河中下游、淮河流域、长江中下游等地，时间往往也是夏历二月初二，俗称“龙抬头”。这一天，祭龙的具体程序因地而异，目的不外乎祈求龙王保佑，不发生天旱和洪涝灾害，保证风调雨顺。很难考证二月二祭龙起于何时何地，但根据史料可知，早在唐朝时期，人们已把二月初二作为一个特殊的日子，说这是“迎富贵”的日子，在这一天要吃“迎富贵果子”。到了元朝，二月二就明确是“龙抬头”了。元代的熊梦祥在《析津志》里记载元大都风俗时提到“二月二，谓之龙抬头”，“二月二，龙抬头，大仓满，小仓流”。俗话说“龙不抬头天不雨”。在古代人的观念中，龙是掌管降雨的神仙，降雨的多少直接关系到一年庄稼的丰歉，因此，为了求得龙神行云布雨，二月初二日这天要在龙神庙前摆供，举行隆重的祭祀仪式，有时还要唱大戏以博取神灵的欢心。“二月二”这天，我国民间还有舞龙等习俗。为求吉利，“二月二”这一天的饮食也多用“龙”来命名，在这一天，全国各地民俗中的食物名中都会带个“龙”字，比如面条称作“龙须面”；水饺称作“龙耳”“龙角”；米饭称为“龙子”；煎饼烙成龙鳞状，称作“龙鳞饼”；面条、馄饨一块儿煮叫作“龙拿珠”；吃猪头称作“食龙头”；吃葱饼叫作“撕龙皮”。此外，各地还有撒灰引龙、打灰囤、引田龙、开笔礼、起龙船等活动。纵观所有的祭龙行为，都源于人们生产生活对水的重视和信仰。为什么云南少数民族地区也盛行祭龙习俗呢？究其原因，还是在于汉民族与云南少数民族之间存在着长期的互动、交融关系，每一种少数民族的文化都融汇了其他民族的文化因子。

第四节　水技术和水制度

普洱哈尼族以农作经济为主，哀牢山、无量山地区以种植水稻为主，兼种旱稻；澜沧江流域以种植旱稻为主，兼种水稻。哈尼族所居之处皆有梯田，对水的依赖和重视程度非常高。早在《后汉书》和唐《蛮书》中就有对哈尼族梯田的相关记载。哈尼族山寨大都建在向阳的半坡上，先在水源充足的向阳斜坡地带播种旱地作物，然后根据地形、土质的不同搭埂筑台，开沟挖渠，将旱地改造成更丰产的梯田。垒砌田埂从最下层开始，有的用土加石块垒砌，有的全用土夯压，使其不漏水溃决。从村寨至山脚河谷都是层层梯田，仿佛是巧夺天工的大地艺术品。梯田靠水而成就，“山有多高，水有多高”，梯田灌溉用水靠的是沟渠，水源来自森林的潺潺溪水，沟渠从水源修起，遇到山箐就架设渡槽，通过笕沟渠引入梯田。水流还起到积肥和清洁环境的作用，不仅把森林里厚厚的落叶沤成的天然肥料带到梯田，还把村寨积沤的肥水也冲进梯田。

哈尼族爱水惜水，并有一套公平合理的用水管水制度，叫作“刻木定水”：首先，根据水田的面积大小，共同协商拟定应得的水量，然后，在水田入水口处设一根横木，并在横木上将应得的水量刻定位置，让水自行流进田里。[①]在此过程中，要进行神圣的安木仪式，从而更加有效地加强了用水管理。

对于哈尼族来说，水是神圣的，有很多与水相关的禁忌。比如，不能在水田的入水口敲打锄头；严禁在寨神林里放牧，或砍伐林木；禁止育龄妇女进入寨神林；禁止追捕窜入寨神林的动物；严禁跨过寨神林竜树下祭坛及寨神石；严禁跨过林中炊煮祭食的锅庄石。忌讳在河里、沟里洗刷任何盛饭和谷物的器物，否则会洗跑谷魂。[②]

水对西盟佤族来说也是非常重要。每年都要耗费数日，全村集体修复水槽。修复的过程中每家都必须出劳力，对破坏水槽的人要进行处罚，这一切都是村寨社会生活中重要的传统规范。修复之后，还要祭祀水神。此外，对于如何分水也有相应制度。

普洱地区的水技术融入发达的水稻农业中。哈尼族居住在半山区，利用山高谷深的切割地貌和立体气候、立体植被特点，形成独特的“活水”灌溉流程，保障了水资源的良性循环，创造了与自然生态系统相适应的梯田稻作农耕生态循环系统。傣族在灌溉中设立分水管，使用量水和节水器，直到近代还保持着植稻前轮歇、种植绿肥然后放水浸泡等工序，不使用人畜粪便，不污染水体，建立了比较发达完善的水利灌溉系统和严格的生态保护系统。

水对傣族人民日常生产生活十分重要，傣族人民普遍相信万物有灵，认为有水的地方便有神灵存在。傣族古训说，“有林才有水，有水才有田，有田才有粮，有粮才有人”，其中，核心的“森林”是源

① 参见张海珍、李娅玲编著：《普洱民族文化概览》，云南大学出版社 2009 年版，第 177 页。

② 参见吕大吉、何耀华：《中国各民族原始宗教资料集成：傣族卷·哈尼族卷·景颇族卷·孟－高棉语族群体卷·普米族卷·珞巴族卷·阿昌族卷》，中国社会科学出版社 1999 年版。

头，而“水”是源流。傣族虽沿水临水而居，但其传统的提水、输水工具比较简单，水稻和其他作物用的灌溉水主要来自一座座森林“天然水库”，通过挖修大大小小的箐沟和水槽来支撑其“跑马水”灌溉制度。① “跑马水”指的是傣族农户为了做好后期水浆管理工作，给水田灌一次水后马上放掉，到田边开始发白时再灌一次水、再放掉。这样做的目的是保持田间时干时湿，以湿为主，既能保证植物对水分的需求，又能保证植物根系对空气的需要。傣族有很多提醒水利工程重要性的民谚，如“建勐要有千条沟”“先有水沟后有田，先有百姓后有官”“修沟筑坝，无雨不怕”和“坝牢水满沟，天旱也不愁”等。民众往往积极参加水官主持的筑坝修沟工程。在历史上，西双版纳约 50 个大小的山间盆地（坝子）都建有较完善的人工灌溉系统。②

对水资源的保护主要体现在对山泉溪流、湖泊的水体和水源林的保护上。在基诺族等山区民族中，历史上曾经规划水源林，对水资源进行有效的保护。在红河流域的傣族、哈尼族、彝族，人们利用自然环境的优势修建了壮观的梯田，并保护山顶的森林，从而保护水源。20 世纪 50 年代以前，西双版纳和德宏等傣族地区，每年头人都组织全村劳力集体修复水利灌溉设施，修复后还要由上级水官监督检查。检查方法是放置一个竹筏在水渠里，竹筏如果能顺利漂到下游就表明水渠修复成功，如果竹筏卡在中途，就说明水渠没有修好，要进行处罚。

西双版纳傣族人民因地制宜，在兴修水利的同时制定了一套严密的水资源管理制度：一是有一套严密的垂直管理系统，各村寨设有专门

---

① 参见许家富：《西双版纳傣族热带雨林生态文化》，云南科技出版社 2011 年版，第 4 页。

② 参见许家富：《西双版纳傣族热带雨林生态文化》，云南科技出版社 2011 年版，第 66 页。

的水利专管人员，最高一级由召片领[①]任命，各大沟渠都设有两个水利官员；二是有组织地定期维修水利设施，每年公历4、5月前，由召片领下达命令，组织各村寨百姓挖沟修渠，水沟修好后，还要进行检查验收；三是在水沟修好后，由主管水利的官员同村寨头人为各户公平合理地分水。[②]这种制度也反映在傣族《杀鸡祭水神祷词》中：

> 今年是吉年，今日是吉日，奉议事庭和内外官员之总首领松迪翁帕两召（指召片领）的命令，赐封我为各大小水渠沟洫总管。今日我携带鸡、酒、茶、槟榔、鲜花与蜡条，均敬献于沟边渠道，敬请尊贵的四方神祇来用膳。敬求在上神灵护佑各条水沟与渠道，勿使崩塌渗漏，让水均匀流淌，并祈望风调雨顺，使庄稼繁茂壮实，勿让害虫咬噬，勿使作物受损。让地气使得谷粒饱满，保各方稻谷丰收。敬请接收我的请求吧！[③]

临沧属于亚热带气候，水稻种植历史悠久，种植区域广。临沧人民利用稻田养鱼，采用规格开沟分墒，沟深处养鱼，墒面湿润处种植水稻，让鱼吃害虫，其粪便做水稻的肥料。在田间用土加高、加固田埂，在稻田对角设置独立的进排水工程，根据水质情况，把水产和种植结合起来。

拉祜族同哈尼族一样，有“分水木刻”的巧妙分水技术，通过各村寨、各户田地来计算应分配的水量，由寨老和各户一同测算分水量，

---

① 傣语音译，意为“广大土地之主”。新中国成立前云南西双版纳地区最封建领主和最高统治者。参见夏征农、陈至立主编，史金波等著：《大辞海》（民族卷），上海辞书出版社2012年版，第396页。

② 参见郭家骥：《西双版纳傣族的稻作文化研究》，云南大学出版社1998年版，第72页。

③ 参见张公瑾：《傣族文化》，吉林教育出版社1986年版，第131—132页。

澜沧江（张翠兰 摄）

分水量大小和各寨劳力成正比，寨老当众宣布相关水平规约，然后放水测试。拉祜族分水木刻制度公开、严肃，具有强制的约束力。[①]

滇西南少数民族水文化不仅是滇西南少数民族与水在不断的长期互动中产生的，也是他们民族文化不断发展的结果。水作为滇西南民族文化的重要载体，使滇西南少数民族水信仰、水技术、水制度等有机融合在一起，成为一个有机的整体。

① 参见郑显文:《道德的天秤：刻木分水》,《中国民族》1989 年第 11 期。

第五章　滇西少数民族水文化

滇西包括楚雄、大理、怒江、保山、德宏等地区，与缅甸接壤，具有独特的自然地理条件和优势，生活在这里的傣族、白族、独龙族、傈僳族、拉祜族等少数民族在不断适应环境发展的过程中，从对水的崇拜、水的祭祀、水的禁忌、水技术和水制度等方面创造了别具特色的滇西少数民族水文化，至今很多相关习俗仍然鲜活地存在于当地人的生活中，不少传统水技术和水制度直到今天还发挥着一定的功能。

第一节　楚雄彝族自治州少数民族水文化

楚雄彝族自治州地处云南省中部，东邻昆明市，南接普洱市和玉溪市，西连大理白族自治州，北与四川省攀枝花市相连。总面积为 2.9 万平方千米，下辖 1 市 9 县。截至 2022 年，户籍总人口 549780 人，其中少数民族人口为 144131 人。

一、水资源

楚雄境内水资源主要来自地表径流，境内河流多为降水补给性河流，分别属于长江流域和珠江流域红河水系。其中，过境金沙江水系流域面积 1201.4 平方千米，占全市总面积 27.11%，年平均径流量 2.015 亿立方米，年降水量为 8.98 亿立方米；过境红河水系流域面积

3228.9 平方千米，占全市总面积 72.89%，年平均径流量 7.023 亿立方米，年降水量为 30.58 亿立方米。总的来说，水资源缺乏，被列为全国严重缺水城市。[①]

楚雄的水景观包括湖泊湿地和河流。两旗海湿地公园位于南华县城北部，该公园保留了旧的水体和湿地进行生态提升。良好的生态环境为湿地公园生物多样性提供了丰富的资源，湖里有着各种各样的水生植物，大量的粉红色、白色和黄色的睡莲在绿色中绽放，一些含苞待放，一些迎风舒展。公园里亭台水榭，便于游客小憩，是个休闲游玩的好去处。

南华县凤山湖又叫茅坂桥水库，风景秀丽，环境清幽。夏季有绿色的大草原，野花遍地，牛、羊在平坦的草地上安静地吃草，仿若仙境。

牟定县人工湖泊庆丰湖始建于清乾隆元年（1736 年），面积达 9200 平方米，周围有 20 多个岩溶景区，湖畔周围的树木郁郁葱葱，周边生活着能歌善舞的彝族人民，附近还有光明山色、仙人洞、千亩马樱、彝族风情等 17 个景点。近年来，当地彝族风情旅游业正在蓬勃发展。

大姚蜻蛉湖是一个典型的城市河流水利风景区，水资源丰富，水生态良好，自然风光独特，自然景观和建筑景观融合巧妙，湖畔人工种植有多种灌木花草，姹紫嫣红倒映在波光粼粼的湖面。

“香水箐”又名“响水箐”，位于楚雄州武定县狮子山南麓的九厂乡，面积约 8.4 平方千米，周围生长着许多常绿阔叶树林，植物种类众多。之所以被称为“香水箐”，是因为它位于两山之间，水质清澈，树木参天，美丽的沟渠形成了“箐”。香水箐还是草药的世界，在山坡上、草丛中，随处可见草药，当地人们把它们作为大自然的馈赠。当

① 参见《楚雄市水资源概况》，楚雄市人民政府网，2018 年 4 月 10 日。

楚雄市区龙川江（李陶玉 摄）

地彝族是生态环境的自发守护者。

查姆湖位于双柏县市区，因叙事史诗《查姆》在双柏县流传而得名，蓝天、碧水、青山构成了查姆湖的迷人风景，这里是孕育了无数民族文化的土地。查姆湖就像一个害羞的女孩躲在绿色的山中，绿树清水和蓝色的天空使查姆湖不需要添加任何人工色彩就让人陶醉在其中。

白衣河发源于楚雄州南华县五台山，汇入楚雄市大地镇红卫桥村委会红卫桥旁的马龙河，全长 70 千米，沿途风景优美，有“小三峡”“小水乡”之称。当地居民依山傍水，依据水利优势创造出具有地方特色的旅游经济产品。同时，各种蔬菜、水果还是当地的主要经济特产。

乌龙潭位于安宁市与楚雄州交界处的禄丰县土官镇，距离昆明约 70 千米，有“彝州东大门”和“昆明后花园”的美称，村底处有个桃花潭，故而乌龙潭又有桃花岛的美誉。相传很久以前，神仙想把田地变成海，填海不仅需要用尖山和瓜山来填补沟壑的缺口，还需要螺蛳、鱼和龙，这位神仙便背上这些东西赶路去乌龙潭，附近的观音得知后担心神仙把田地变成海后会淹到自己，于是她便半夜学鸡叫。由于神仙要在黎明前到达田地，于是他匆忙赶路，以至于在赶路途中绳索断裂，其中一条龙跑到了田地附近的泥潭里，自那以后，泥潭就成了乌龙潭村。

二、与水相关的信仰

楚雄彝族自治州是彝族的主要聚居地，彝族关于洪水和人类繁衍的神话十分丰富，有《三族起源》《洪水潮天的故事》《洪水淹天》《洪水天》《人类始祖的传说》等。《伏羲兄妹创人烟》讲述道，开天辟地时，天不分昼夜地下大雨。有一户农家刚生下一对双胞胎兄妹不久，家就被水淹了。在洪水中逃生的农妇看见一个空空的大葫芦漂在水中，就将兄妹俩放在葫芦里推着顺水漂。不知过了多久，农妇丧生在水中，人世间仅有兄妹俩幸存。天上的玉皇大帝派仙童下凡，命兄妹二人成亲。兄妹俩提出了两个条件：一是隔山滚磨，二是隔河穿针，认为只有这两件事都办到了，兄妹成亲才是天意。仙童答应了。结果磨盘合在一起，线也从针眼里穿了过去。于是兄妹二人结为夫妻，人类才得以繁衍发展。因为人类的祖先曾是兄妹成婚，所以直到今天，在很多地方夫妻仍以兄妹相称。①

《洪水淹天》讲述的是：远古的时候，洪水滔天，淹没大地，有两兄妹躲在葫芦里避难。洪水退后，金龟老人要兄妹成亲传人种，兄妹不答应，就让他俩各在一方烧香，香烟升到空中缭绕在一起，又各在

---

① 参见禄丰县委宣传部文化局、民委编：《禄丰县民间故事普查资料汇编》，楚雄市民族事务委员会印，1988 年版，第 2 页。

一个山头滚磨盘、滚簸箕，结果两扇磨和两扇箕都合拢了。兄妹就以松树为父，万年青树为母，梅树为媒人，终于结成了夫妻。12个月后，妹妹生下一个肉团，金龟老人用剑劈开，里面出现50个童男和50个童女。胎胞被甩在树上，就变成了火红的马樱花。兄妹二人难以抚养，满山的飞禽走兽都来帮忙，把一个个孩子都领走了，长大后50对童男童女又相互婚配，就形成了今天的彝族、汉族、苗族、回族、藏族、白族、傣族、傈僳族等民族。[①]

彝族史诗《洪水泛滥》记载："吃食不祭神，净水不供佛，佛前不烧香，饭前不祈祷，酒前不敬神，遇老不磕头，见小不作揖，独眼不礼貌，道理也不讲。天神兹阿玛，法力无边大，施展干水法，请来九太阳，邀来八月亮，要晒四海水。太阳晒坝塘，坝塘就晒干；太旧晒大地，海水全晒干，一滴也不剩。海底火熊熊，鱼类全灭绝；青蛙夫妻亡，泥鳅哭断肠。螺蛳泪流干，绿树九千萎，果木八百枯，植物都死亡；动物被晒死，水虫也灭绝。"[②]

彝族先民认为"人从水中而来"，取福禄水是彝族祭祀中一个重要的仪式，取水时需要念《取福禄水经》。福禄水又分圣水、吉祥水、祖源水，取好福禄水后平均分给各支系，福禄水或用来煮祭品，或洒在祭品上。祭祖、丧葬、礼仪都离不开献水。还有许多与水有关的禁忌，如不得在水源和水井里洗脸、洗手、洗衣服；不得在水里大小便等。彝族认为水能净化一切，具有神圣性，污染水是犯罪，会受到惩罚。

① 参见楚雄市民委、文化局编：《楚雄市民间文学集成资料》，楚雄市民族事务委员会印，1988年版，第4页。

② 云南省少数民族古籍整理出版规划办公室编：《洪水泛滥》，云南民族出版社1987年版，第1—2页。

第二节　大理白族自治州少数民族水文化

大理白族自治州地处云南省西部，东连楚雄州，南靠普洱市和临沧市，西邻保山市和怒江州，北接丽江市。地跨东经 98° 52′ —101° 03′ ，北纬 24° 41′ —26° 42′ 之间，东巡洱海，西及点苍山脉，辖大理市和祥云、弥渡、宾川、洱源、鹤庆、永平、云龙、剑川 8 县以及巍山、漾濞、南涧 3 个少数民族自治县，共 13 个世居民族：汉族、白族、彝族、回族、傈僳族、苗族、纳西族、壮族、藏族、布朗族、拉祜族、阿昌族、傣族，8 个人口较少民族：傈僳族、苗族、傣族、阿昌族、壮族、藏族、布朗族、拉祜族。截至 2022 年末，大理白族自治州总人口 364.5 万人，其中少数民族人口 192.3 万人。

一、水资源

大理水资源丰富，有高原湖泊洱海和海西海、西湖、东湖、茈碧湖、剑湖等。在古代文献中，位于大理白族自治州大理市境内的洱海曾称为叶榆泽、昆弥川、西洱河、西二河等，属澜沧江水系，是云南省第二大高原湖泊。洱海北起洱源，南至下关，因形状酷似人耳而得名。洱海流域面积 2565 平方千米，大小入湖河流 117 条，有西洱河和引洱入宾两个出水口。洱海流域多年平均降雨量为 1018.4 毫米，多年平均水资源量为 11.95 亿立方米。洱海多年平均年出湖径流量为 7.896 亿立方米（含引洱入宾水量），单位面积产水量每平方千米 46.59 万立方米。[①] 洱海湖区多年平均降水量 998 毫米，降水量多集中在 6—10 月，占全年降水量的 80% 以上。汇入洱海的河流，苍山十八溪，每年汇入洱海径流量 2.76 亿立方米，占洱海年入水总量的 33.8%，洪水流量最

---

① 参见李萍：《大理市洱海特征水位调整分析》，《人民珠江》2008 年第 2 期。

洱海（沈玉菲 摄于 2021 年 5 月）

大的是阳溪，最小的是阳南溪，是洱海西部地区重要的地下水补给来源。除苍山十八溪外，主要是弥苴河、波罗江，另有东岸的玉龙河、凤尾箐等。洱海的主要源流波罗江发源于洱源县牛街乡北东的长木箐北山，由北向南径流汇入洱海，全长 71 千米，汇集支流 51 条，径流面积 1233.6 平方千米，年平均径流量 5.59 亿立方米，占洱海入水量的 57%。[①]

西洱河是洱海的主要出水口，也是洱海唯一的天然出水口，古称叶榆水、海尾河，源于下关，东连洱海，向西汇入澜沧江支流黑惠江（漾濞江），境内全长 23 千米，总落差 660 米，年均出水量 10 亿立方米。旧时西洱河两岸植被覆盖，风景秀丽，建有著名景点锁水阁。锁

① 参见庄立会：《云南省大理市城市发展基础的水资源评价研究》，硕士学位论文，云南师范大学，2007 年。

水阁旧址已被破坏，2012 年大理市政府规划西洱河建设“旅游文化长廊”重新修建了锁水阁。

洱海水资源开发利用度较高，其开发利用率达 90.7%，西洱河 1960 年建电站时疏通了河道，先后建立了四级水电站，1980 年后先后建了 5 座桥。目前，洱海每年发电用水 7.0 亿立方米，农业灌溉用水 1.3 亿立方米，工业用水 0.4 亿立方米，城市生活用水 0.13 亿立方米。①

洱海周边的主体民族是白族，流域内流传着丰富的龙神故事，几乎每条溪流、泉潭都有动人的传说，如汇入洱海的苍山十八溪就有十八龙王之说。最重要的龙王庙是洱海神祠，又名龙王庙、洱水祠，位于洱海之畔，是龙凤村的本主庙，内祀除蟒英雄段赤诚。有一些传说认为，每年一度的耍海会即为了纪念他。耍海会会期长达一个月，从农历七月二十三日一直至八月二十三日，又称“捞尸会”。规模最大的耍海会在大理洱海西岸的沿湖村庄举办，时间是八月八日。是日，附近各村寨都将花船云集到才村附近，但见岸上人头攒动，洱海里船只连绵十几里，观者逾万人。

大理水资源丰富，水景观遍布。在苍山最北端有著名的旅游胜地蝴蝶泉，徐霞客曾描写道：“泉上大树，当四月初即发花如蝴蝶，须翅栩然，与生蝶无异；又有真蝶千万，连须勾足，自树巅倒悬而下，及于泉面，缤纷络绎，五色焕然。游人俱从此月，群而观之，过五月乃已。”每年农历四月十五日，住在方圆百里的白族男女就会来蝴蝶泉聚会，唱歌跳舞，表达对彼此的钦佩和爱慕，因此蝴蝶泉也被称为“爱情之泉”。泉边坊石上的“蝴蝶泉”三字，是郭沫若 1961 年手书后镌刻于此的。

《大理县志稿》记载：“后一泉曰‘救疫泉’，六诏时，时疫流行，

① 参见何学元:《洱海水资源环境及可利用对策》,《林业调查规划》2004 年第 2 期。

饮之得痊。”当地人常说，在大理，救疫泉是最好的水源。它的味道很甜，适合泡茶和烹饪。在明清时期，据当地文献记载，无为寺中有一座救疫寺，该寺中有一救疫水源，又称救疫井。相传在南诏大理时期，民间瘟疫较多，便用寺中清泉煎药，病人均有奇迹般的恢复，故被称为“救疫之泉”。在《救疫寺》一词的序里解释说，泉水是苍山上六角花瓣雪花融化形成，而雪能消毒，雪融的水能祛病。

七龙女池位于苍山马龙峰和玉龙峰之间的龙溪深谷中，七池有不同的色调。传说是龙王的七个公主经常到此地洗澡，七龙潭分别成为七个公主沐浴嬉戏地，最大的龙潭属于大龙女，最小的龙潭便是七公主，她因为害羞而选择了最深处的山谷。每个夏夜七龙女都要去洗澡，直到黎明才回到洱海龙宫。七龙女沐浴时，她们的腰带飘浮在苍山上，变成了玉带云。

茈碧湖也称宁湖，位于大理州洱源县东北部，是洱海上游的湖泊之一，也是洱海源头，主要的水源为凤羽河和梅茨河。《山海经·西山经》载：“西五十里，曰罴谷山。洱水出焉，而西南流注于洛，其中多茈碧。”茈碧花属睡莲科，《云南通志》载：“茈碧花产浪穹县宁湖中，似莲而小，叶如荷钱，茎长六七丈，气清芬，采而烹之，味美于蒪菜。八月花开满湖，湖名茈碧以此。”民间有传说，茈碧湖原本浑浊不堪，明代建文帝到此游玩，只见周边风景甚好，湖水却浑浊，心中不悦，便想登船离开。此时，忽闻一白族姑娘歌声动人，十分悦耳，建文帝听后心情愉悦，命人靠近这位白族姑娘，并请她多唱几曲。白族姑娘应邀放开歌喉，建文帝十分高兴，便将手中碧玉扇坠取下给姑娘作答谢礼，一不小心，玉坠便坠入湖中，于是湖水便由浑浊变为清澈。

茈碧湖西岸建有龙王庙，每年农历七月二十三会有龙王会举行，白族群众到此对歌、放海灯。龙王会在七月二十二白天便开始对歌，夜晚便开始放海灯。海灯灯盏是用硬纸折的敞口方盒，四边还剪出花样，盒内平注蜡烛油，插一根灯芯，放灯时需要划着小船出去。当地人说，放灯是为了超度孤魂野鬼，一位鬼魂接一盏海灯，接到灯便表示被成功超度了。龙王庙分为前后两院，前院供奉的为白族英雄段赤诚，后院供奉的是观音，而七月二十三为段赤诚生日，所以龙王会举办两天，七月二十三是正会。

二、与水相关的信仰

大理白族自治州的少数民族以白族为主。而在洱海周边生活的白族先民，很早就开始了农耕生活，距今约有 4000 年历史。水对农耕的重要性不言而喻。白族众多的神话传说都与水有密切的联系。

流传于云南省大理市白族地区的白族创世神话《开辟大理》讲述道：盘踞在大理坝子的恶魔罗刹，每天要吃 10 双人眼。观音得知后，便请张敬引见罗刹。罗刹见是一位梵僧，问他要什么。观音说："只要袈裟一铺、小狗四跳之地。"罗刹应诺，并立下字据。观音把袈裟一铺便把整个坝子都盖住了；叫小白狗四跳，从下关跳到上关。罗刹自己的地盘被观音占去，又不好反悔，只得向观音苦求安身之地。观音即把上阳溪的山洞变成富丽堂皇的宫殿，让他住进去，又叫他把螺当人眼享用。罗刹进去后，观音就用石头封洞，并用铁水浇固，制伏了罗刹。并授意有善心的细奴逻为王，管理大理。①

白族另一则创世神话《石母》流传于云南省剑川县。叙述的是：一天夜里，天上掉下一个火球，大火把大地烧了三天三夜。随后火球砸出的坑中冲出大水，淹没了大地，一直漫到老君山顶。这时水上漂来一只小船，船上下来一个女人。她把嘴一张，就把躲到山顶上的白子白女吸进肚子里，然后变成一块巨石滚下山，堵住出水洞。水退后，

---

① 参见大理白族自治州白族文化研究所：《中国民间文学全书·大理卷》，知识产权出版社 2004 年版，第 3 页。

她又把白子白女吐出来，让他们到兰州坝各地居住，让留在石头旁的一男一女成亲，繁衍成村落。从此，这个村落的后代便崇拜这块大石头，称它为石母，人们的名字都带个石字。[①]

白族创世神话之三《开辟凤羽坝》流传于云南省洱源县白族地区。叙述的是：凤羽坝原来是个海子，观音菩萨让水退走后，才成为坝子。凤凰从坝子上面飞过去，掉下一片羽毛，坝子的名字就叫凤羽。观音菩萨又叫狗和猫开田，懒猫骗取功劳，狗不服就去追猫，猫躲进了清源洞，后来趁把守洞口的狗不防备，猫又跑了。后来人们知道了事情的原委，为狗鸣不平。狗也知人情，每年六月二十三就进洞里请龙王施水给人们。[②]白族先民还曾经认为人是从水中产生的，在白族《县官求雨》《慧生盗仙草》等传说中也可以看出，创世神话中与水有关的

大理海东镇金湫泉的化身金轮圣母（沈玉菲 摄于2019年11月）

① 参见剑川民间文学集成办公室编：《剑川民间故事选》，1986年版，第3页。

② 参见大理白族自治州文化局：《白族民间故事选》，上海文艺出版社1984年版，第3页。

内容多不胜数，说明白族先民早就意识到了水的重要性。

除了神话传说，白族地区还流传着众多与水相关的习俗和仪式活动。在过去，春分时节，洱海周围的老年妇女就开始举行一年一度的接水活动。她们穿戴整洁，身背简单炊具和香火，用香火供奉神灵和龙王，一路上，采摘野花撒入流水，让流水将花带走，在合适的地点进行野炊。在妇女接水的时候，男性在守水员的带领下，检查沟道，清理杂物，垒堤加坝，以便水流通畅。撒秧前，每家要到洱海边铲一块象征着秧田的绿草皮，背回秧田水口缺边，在上面插上一对大长香和一枝金香花，一边叩拜，一边祈祷。此外还要插秧旗，天旱时用蓝色，意为求雨；雨水多时用红旗，意为祈晴。[①]

与水相关的还有金姑信仰。每年农历四月二十三至二十五日，是接金姑的日子。《接金姑经》《送金姑经》诵道：

> 金枝玉叶小金姑，朝山拜佛来接你，二月十七你回来，国泰民安心欢喜。保佑五谷大丰收，时年得运转，山那沟万万岁。把姑送到城门下，把姑送到城门外，姑爹出来接，兵马足足带来三千，抬了一乘六人抬的大轿，阿姑姑爹往里坐，敲锣打鼓实在热闹，把您送到天门崖，把您送到您家里，您家婆婆和丈夫十分地喜欢，阿姑在大理时求着的那阵雨啊，使谷子麦子都长得很好，大丰收。[②]

除此之外，白族人民还有“谢龙王”“敬山神”“求雨”等与水有关的习俗。总的来说，大理白族民间当前的水神信仰，主要体现在龙神

---

① 参见谢蕴秋：《南境内的少数民族》，民族出版社 1999 年版，第 73—74 页。

② 张明、段甲成：《苍洱文苑丛书·白族民间祭祀经文钞》，云南民族出版社 2004 年版，第 308—310 页。

信仰上。许多本主本身就是龙王，即使不是龙王，也具备水神的职能。比如大理古城之东的洱海神祠，地处洱海之畔，又名龙王庙、洱水祠，也是龙凤村的本主庙，庙内供奉除蟒英雄段赤诚，名号为妙感玄机洱河灵帝，不仅是本村的一村之神，更是整个大理洱海的龙王。有时，甚至山神也具备水神职能。如发源于苍山十九峰之间的苍山十八溪，首先属于苍山山神的管理范围，其次，因为十八溪流入洱海，所以也同时属于洱海龙王管理。2020 年，就大理环保组织保护苍山十八溪流域生态环境一事，当地人林先生提出，应祭祀洱海龙王和苍山山神以保护苍山十八溪，并详述仪式过程如下：

一、用红纸或黄纸，写下两位神灵的名号，分别为：点苍昭明镇国灵帝（苍山山神），妙感玄机洱河灵帝（洱海龙王）。这张纸称

2020 年 11 月，白族妇女在洱海畔祭祀龙王（沈玉菲 摄）

为牌位。把牌位供于供台之上。

二、在牌位前，供上供品，包括水果五样，糖果三样，茶酒随缘。

三、用黄纸写一张疏文。通俗地讲，就是情况说明书，说明是为什么事情而来祭祀，请神灵保佑。

四、仪式需要一位主祭人。最好有一定的祭祀经验。主祭人在供台前，点灯点香跪拜，主祭人如果没有经验，可以请教守庙人。

五、其他人跟在后面礼拜即可。

六、主祭人念诵疏文，念诵之后，到洱水池前，把疏文烧化投入池中。到此，仪式圆满完成。

林先生 2016 年祭洱海所作祭文如下：

《祭洱海龙王文》

维

丙申季夏，天地变色，风雨不调，塞外旱魃肆虐，南方洪水横行，田宅毁坏，死伤者众，境况惨不忍睹。又闻蓝藻重现洱海，染污日重。我等下界信士，诚惶诚恐，恭备酒果香仪，致祭于“妙感玄机洱河灵帝”座前，祈愿灵帝调顺风雨，护佑本境。亦望灵帝大张神威，驱逐妖邪，还我千顷碧水，清凉佛地。

曰：

上遵天命，下佑黎民。大哉灵帝，功德巍巍。

面如满月，金甲护身，神将三千，眷属如云。

溯帝根源，名讳赤诚，南诏义士，斩蟒封神。

行风布雨，广施神恩，节制三池，龙中之尊。

可参东海，常拜天庭，忠心赤胆，护法殷勤。

大士东来，广播佛法，赖公相助，降伏罗刹。

千年以将，世事沧桑，苍洱大地，难生妙香。

愿我灵帝，神威大张，剪除妖邪，再造道场。

虔告灵帝，恭荐心香。永佑生民，福寿安康。

大礼以告，伏惟尚飨！

二〇一六年农历六月一十四日

在漫长的发展历史中，大理白族认为水有水神的传统观念造就了人与水的和谐关系。总的来说，大理白族地区的水信仰虽然式微，但仍有不少仪式在民间留存。如果我们到大理旅游或访问，来到村庄本主庙、龙王庙，也许还会遇到当地中老年妇女穿着民族服装，敲打着白族特有的木鱼，虔诚念诵着富有韵律感的经文，举行与水相关的祭祀仪式。这些信仰与仪式，体现着大理白族人对水的虔诚敬畏之情。

第三节　怒江傈僳族自治州少数民族水文化

位于云南省西北部的怒江傈僳族自治州，怒江傈僳族自治州是中国唯一的傈僳族自治州，因怒江由北向南纵贯全境而得名。怒江州东靠丽江市，东北邻迪庆藏族自治州，东南连大理白族自治州，南接保山市，北接西藏自治区。怒江州辖泸水市、福贡县两个县和兰坪白族普米族自治县、贡山独龙族怒族自治县两个少数民族自治县，独龙族和怒族是怒江所特有的少数民族，截至 2022 年底，怒江傈僳族自治州人口为 54.6 万人。

春天的怒江（罗金合 摄于2020年春）

一、水资源

怒江州地势西北高、东南低，境内江河密集，纵横交错，拥有怒江、澜沧江、独龙江三大水系及183条一级支流，全州多年平均降水总量为260.2亿立方米，年平均降雨量为1816.5毫米，年径流量为168.84亿立方米（不计怒江、澜沧江、独龙江入境水量725.31亿立方米），年径流深为1178.72毫米，占全省水资源总量的7.6%（按地州分类排名第三位），人均水资源量超过4万立方米，居全省首位。[①]怒江州水能资源极为丰富，过境的怒江、澜沧江、独龙江及其支流，河床落差大，流量大，干流水量丰沛而稳定，地形地质条件好，可开发的水能资源装机容量1774万千瓦，年发电量为850.9亿千瓦时，占云南省可开发水能资源的10.4%。除怒江、澜沧江上可建大型电站外，还有

① 参见《水利资源》，怒江州人民政府网，2009年9月8日。

83 条一级支流水能蕴藏量丰富，具有极大的水能开发潜力。[①]

怒江全流域面积达 32.5 万平方千米，干流全长 3673 千米，出境后流入缅甸。被称为萨尔温江。怒江流域受地理位置、地形地势及大气环流影响，流域降水地区分布不均，上游地处青藏高原东南部，两岸是海拔 5000—6000 米的高山，属于高原地貌，降雨量集中在 5—10 月；中游地处青藏高原向云贵高原过渡的横断山脉纵谷区，河流两岸有海拔在 5000—5500 米的碧罗雪山、高黎贡山等雪域和冰川，两侧高山支流众多，降雨主要集中在 1—4 月和 5—10 月；下游两侧山势较低，六库以南为云贵高原。[②]

独龙江是云南六大水系之一，起源于我国西藏自治区和云南省的交

怒江澡塘会（罗金合 摄）

① 参见骆华松等：《怒江水能资源开发与民族地区可持续发展》，《云南师范大学学报》（自然科学版），2005 年第 4 期。

② 参见刘冬英等：《怒江流域水资源特性分析》，《人民长江》2008 年第 17 期。

界处，以独龙族命名，是伊洛瓦底江的干流、伊洛瓦底江的源头，滇西北横断山“四水并流”的重要组成部分。独龙江源头在怒江州贡山县独龙江乡，然后向西流入缅甸，全长250千米，流域面积1947平方千米。独龙江流域雨量充沛，水流量大，位于“三江并流”的最西部，被专家鉴定为“野生植物自然博物馆”，是中国原生态最完整的地区之一。

阴阳瀑布位于高黎贡山自然保护区，由两道瀑布组成，阳瀑布落差255米，宽5米，阴瀑布常年见不到光，有“古往今来情侣”的美誉。阴阳瀑布下有悬崖，十分陡峭，周围环绕着茂密的原始森林，古树参天。

位于怒江西岸跃进桥旁的登埂温泉，热泉沿江出露，仅在约200米江岸范围内，就有19处大小泉眼，所以有登埂温泉18塘之说。温泉水温一般是50℃，有的高达72℃，因地处泸水县鲁掌镇登埂村附近而得名，是附近群众“阔时节”和春节期间传统聚会、沐浴、对歌、打跳的场所，相传已有数百年的历史。每到“阔时节”或春节期间，怒江两岸的傈僳族人民便带上行李、炊具、食物，不少人还把家里用作过年的公鸡、火腿带去，在温泉附近的山坡地里搭起帐篷野营野炊，住上三五天，每天洗浴七八次，洗浴之余便在山坡平地上通宵达旦，踏歌起舞，年轻人则交友甚至订终生。洗浴时人们非常讲究文明有序，通常是由长辈先洗，青年后洗。男女之间也彼此尊重，妇女洗浴时，小伙们就默契地去拾柴或在棚内休息；男性洗浴时，妇女便去准备饭菜。近几年来，当地州县党政领导和文化旅游部门十分重视这一民俗活动的开发和提升，每年都投入大量的人力、物力、财力，举办以“畅游傈乡，春浴澡塘”为主题的澡塘会，开展射弩、打秋千、“上刀山、下火海”、多声部无伴奏合唱、溜索飞渡等丰富多彩的文体活动和物资交流会，着力把这一民俗活动打造成怒江的又一个节庆旅游品牌，目前其影响力、吸引力正逐年扩大，不少外国游客也慕名前来参加澡塘会，来领略大峡谷神秘、纯朴、天然的风情。

位于泸水县片马镇东北部的听命湖，海拔大约 3540 米，湖泊水面面积约 120 亩，距高黎贡山风雪丫口大约 600 米，湖水由雨水和周围的融雪积聚而成。只要有人在湖畔呼喊，就会招来雷雨冰雹，好像具有了“呼云唤雨”的神奇力量，所以当地人把她称为“听命湖”。又因为她冬天积雪、夏秋繁花似锦的如画景致，能把天上的神仙也迷住，所以又有人把她叫作“迷人湖”。

亚坪大瀑布，位于亚坪 18 千米广场与 31 号中缅国界桩之间 3 千米处，“亚坪”是傈僳语，悬崖峭壁之意，因亚坪村中的一块巨大的石壁得名。亚坪通道蜿蜒曲折，像龙似蟒，盘绕在高黎贡山上，瀑布是秘境亚坪的一个标志景观。亚坪高山河源湿地，为怒江大区域的整体气候的平衡发挥了积极有效的良性作用。

二、与水相关的信仰

怒江是中国民族成分最多和人口较少民族最多的自治州，境内有傈僳族、怒族、普米族、独龙族等 21 个世居少数民族。

傈僳族先民流传下来的洪水、人类再繁衍的神话不少，主要作品有《洪水》《洪水滔天》《洪水泛滥》《洪水滔天与兄妹成家》《创世纪》《岩石月亮》等。相传，洪水淹没大地后，人世间只剩下两个哥哥和一个妹妹，兄妹三人开山地为生，但他们开挖的地被人复原。后来他们发现是一位菩萨（神）所为。老大举刀要砍杀菩萨。菩萨告诉三兄妹，洪水要淹没大地，并给了三兄妹两个皮口袋，叫老大独自躲在一个袋里，拴在树上；叫老二和妹妹躲在一个袋里，拴在大岩石上。洪水大发，老大被淹死了，老二和妹妹幸存下来。洪水退后，大地一片荒凉，兄妹二人四处寻找人。在路上，他们发现一根金拐棍，便划成两半，

怒江地区的峡谷梯田（罗金合 摄）

各持一半，分头继续寻找人。后来兄妹俩相遇在一起，彼此都不认识了，对了金拐棍才互相哭诉别后的苦难。这时，兄妹俩才知道世间只剩下他们兄妹两人了。为了繁衍人类，兄妹俩只好依天意，经滚磨盘、滚锅“验证”后结为夫妻。他们年岁大了仍无子女，后来种瓜结出一个房子那么大的瓜，瓜里传出古怪的声音。他们将瓜砍开，瓜里有些人，这些人是怒族、独龙族、傈僳族、纳西族、白族、彝族。他们从瓜里走出来，说着各自民族的话，唱着各自民族的歌，成双成对地朝四面八方走去了。[1]

在独龙族的《洪水》神话里，暴发洪水的缘由有两种：大地上人鬼繁衍起来后，天神格蒙发现，鬼太猖狂了，人被鬼骚扰，不得安宁。后来又发现人类繁衍后，有的人变坏了，杀人、偷盗、拐骗的事情也

① 参见傈僳族文学简史编写组：《傈僳族文学简史》，云南民族出版社1992年版，第91—93页。

发生了，于是，天神格蒙决定用洪水毁灭人间，消除鬼怪，改变人鬼杂居的状态，重新繁衍人类。①

怒江州傈僳族居住在峡谷地带，经常被泥石流、洪水等自然灾害威胁生命财产，因此，他们对自然的崇拜敬畏之情尤其强烈。傈僳族相信万物有灵，认为“山有山神，树有树神，水有水神”，神灵无处不在。他们还认为自己是龙的后代，祭祀先祭龙，凡遇灾害，就需要祭祀祈福。

怒江傈僳族有着“上刀山下火海”的神秘传统。“上刀山下火海”实际上是宗教信仰仪式的一部分程序。举行活动的时间是农历二月初八和正月十五，其目的是消灾祈福。在举行之前，要进行一系列祭祀仪式，祭师“尼帕”必须在三日前沐浴更衣，吟唱祭祀歌曲，用祭品将龙神、水神请来，请神时要喷水。傈僳族人认为龙神、水神是他们

贡山水磨房（罗金合 摄）

① 参见李金明：《独龙族文学简史》，云南民族出版社2004年版，第74—79页。

“上刀山下火海”的守护神，祭祀过程中“尼帕”要敲锣完成鞠躬、磕头，达到忘我的状况，表达出请神的目的。

傈僳族生活中也有很多关于水的禁忌，比如：不能丢石头进水塘，否则会惹怒山神龙王；不能洗锅盖，否则会把福气洗掉，导致来年庄稼收成不好；稻谷开花时，不允许妇女在稻田旁洗衣或剥麻；七八月不能上山看书；等等。

独龙族主要生活在怒江州贡山县境内，他们认为除人以外，还有许多灵魂存在于日、月、山、石、河流、树木等自然物中，生产生活中也有许多与水有关的禁忌，如独龙族典型的“卡雀哇节”“剽牛祭天”重要仪式中，都包括用水净化程序，由独龙族巫师用青松毛蘸上水，洒向牛头，以示清洁；生小孩时要在房外，洗净后才能抱回家；不能用水直接浇灭火；水壶涨水后要立即拿开，不能让水溢出等。①

第四节　保山市少数民族水文化

保山市位于云南省西南部，东与大理白族自治州和临沧市相连，西与德宏傣族景颇族自治州毗邻，北与怒江傈僳族自治州接壤，西北、正南同缅甸交界，国境线长 170 千米。保山是中国通往南亚、东南亚乃至欧洲各国的必经之地，南方丝绸古道、滇缅公路、史迪威公路穿境而过。保山国土总面积 1.96 万平方千米，辖一区四县，生活着彝族、傣族、白族、傈僳族、回族、苗族、佤族、阿昌族、满族、景颇族、布朗族、德昂族等少数民族，截至 2022 年底，保山市总人口为 239.7 万人。

① 参见云南省民族事务委员会：《独龙族文化大观》，云南民族出版社 1999 年版，第 48 页。

一、水资源

保山市境内有澜沧江、怒江、伊洛瓦底江三大水系，大小河流众多，降水充沛，多年平均降雨量 1536 毫米，水资源量居全省第七位，水资源总量 150.7 亿立方米，其中地表水资源量 100.75 亿立方米，占 66.85%，地下水资源量 49.95 亿立方米，占 33.15%。全市人均占有水量 6427 立方米，耕地亩均占有水量 6028 立方米。但是，水资源供需矛盾突出，全市干湿季分明，水资源时空分布不均，地表径流变化大，夏秋季降水多，河流水量难以有效利用，经常泛滥成灾。冬春季降水少，河川径流减少，而同期工农业用水却占全年用水量的 70%—80%，多年来全靠工程措施控制调节水量。此外，因为人口和土地与其他资源等生产要素匹配不良，导致水资源配置不合理，开发利用程度极低。

腾冲多温泉。位于腾冲县城西南 20 千米的腾冲热海面积约 9 平方

热海（倪晓辉 摄）

千米，有 80 余处较大的气泉、温泉群，其中 10 个温泉群热泉喷涌，水温达 90℃以上。关于热海有一则美丽的神话传说：很久以前，天气寒冷，人民苦不堪言，有一个善良的老人历艰险，寻找办法，想让这个地方温暖繁荣。后来，他遇见一位神仙，得到了一粒宝物，神仙让他把宝物放进嘴里，他就变成了一条龙，释放出热水。无论他走到哪里，都有数不清的热源。清光绪年间，尹家令描写热海道："水涨涛翻似火烧，惊天震地无双潮；青山气拥蛟龙动，热海光芒星斗摇；任是炎凉温不改，如雷声响愤难消；边方幸有斯泉好，化冬寒酸鼎鼐调。"热海目前开发了大小滚锅、美女池、珍珠泉、怀胎井、仙人澡堂等 10 多个景点。

位于腾冲西北部的北海于 1994 年 12 月被公布为首批 33 个国家湿地之一，也是云南省唯一的国家湿地。北海是水生动植物的迪士尼乐园，这里有着广阔的水域、野生草地，为水鸟提供了舒适的生活环境，在水中的虾和鱼，为水鸟提供了食物。北海东面是青海，是 60 多万年火山喷发后所产生的高山湖泊，是世界上三个酸性湖泊之一。当地谚语说："北海没有边，青海没有底。"李希泌在《澄镜湖记》中记载："郡西澄镜湖者，俗名青海。纵横千余亩，水旱不消长，环湖皆山，碧波摇漾，动影㠑窕。湖上野凫数千，翱翔游泳，唼喋追逐，知湖之美而不能号于人也。"

二、与水相关的信仰

保山市古称永昌，生活着 36 个少数民族，其中彝族、傣族、白族、傈僳族、回族、苗族、阿昌族、满族、景颇族、布朗族、佤族、德昂族等为世居少数民族。保山地区流传的创世神话说，盘古时代，洪水滔天，所有生物都被淹没了，仅有一只葫芦在水面上漂荡。盘古命令李天王把洪水排开，现出陆地。葫芦搁在地上，葫芦里面躲着哥哥和妹妹，他们嚷着要出来。盘古剖开葫芦，兄妹走了出来。世上没有一个人了，兄妹到哪里去找配偶结婚呢？盘古叫他俩结婚。他俩说："兄妹不可以结婚。"盘古说："这样吧：你俩各自拿一扇石磨，到两个山头上去滚磨盘。如果滚下的石磨合拢了，就结婚；如果合不拢，就不结婚。"兄妹照样做了，结果是石磨合拢，他俩就结为夫妇，生育子女，繁衍后代。[①]

保山布朗族在民居建成时，需要举行建成仪式。立柱时，男神柱需要献祭品，然后做洁净仪式，三根主柱需要在柱子与石础之间垫树叶，用树叶作为房屋与土地的中介，在男神柱"扫召"柱底铺白布和硬币，用蜡条和芭蕉叶捆扎。女神柱"扫南"也铺白布和硬币，捆上蜡条，用铁钉固定，念经，用两束树枝洒水做洁净仪式，将水洒到房屋的各个位置后将两树枝对应捆绑在男柱、女柱上以祈求平安、房屋牢靠。做楼梯时，取米谷一碗、蜡条一对让建房的人来做仪式；接着装上楼板做火塘的框架，框架做完再填土，将谷米撒在填好的火塘上，架三角架，由巫师念经文、点火，然后烧水沏茶。火塘落成，开始搬家。第一步，迁新居，数米占卜，双数为吉，滚冬瓜和南瓜上楼，然后在中堂摔碎，代表人丁兴旺。然后在男柱、女柱，东、南、西、北的四根角柱，楼梯口、猪食、鸡旁的柱子，还有不同位置的梁上贴不同符号的白纸。第二步，进行"松仰"[②]仪式，目的是祈福。布置道场，巫师祈愿；然后做洁净仪式后送鬼神的食物，用石头埋在屋四角；烧草木树枝烟熏驱神鬼。第三步，进行"苏折刀"仪式，目的是驱邪避灾。烧三根线投入水中，去除不吉利，为房主拴线，用白线绕墙柱、梁枋、

---

① 参见王国详：《布朗族文学简史》，云南民族出版社1995年版，第67—68页。

② 布朗语，意指一种祈福仪式。

圈房挂“达辽”[①]，然后表示房屋落成。[②]

最具代表性的布朗族水神是管水的“苦拉”神。据说这是一个人头蛇身的怪物，它出来的时候，就会有暴雨、山洪或山崩地塌等，它的地位与其他鬼是平等的，互不管属。有神就有祭祀，祭祀水神时，要将伞、土锅、碗筷等生活用品送至河边，巫师念经祷告后，把祭品倒入河中，献给水神。[③]

因为森林和树木能够涵养水源，所以，对水的信仰也包括了对龙树的崇拜和祭祀。每年各寨还有祭龙树（神树）的活动，祈求龙树保佑庄稼丰收、人畜平安。如墨江哈尼族自治县洼墨寨布朗人的“祭龙”活动是在一棵大栗树下举行，全寨的人静坐在树下的一方，不准吹口哨和玩弄乐器。祭祀由“白摩”（巫师）主持，将一升米放在一斗谷子上，米上插香，“白摩”念咒磕头，求龙树保佑全寨人口平安、六畜兴旺、风调雨顺。然后由一个白摩杀鸡，另一个白摩用一根削尖的椝木棒将祭牛杀死，并取牛下颌拴在龙树身上。[④]

第五节　德宏傣族景颇族自治州少数民族水文化

德宏傣族景颇族自治州位于云南省西部，东与保山市相邻，北、西、南三面与缅甸接壤。国土总面积 1.15 万平方千米，辖芒市、瑞丽市、梁河县、盈江县、陇川县两市三县。“德宏”是傣语的音译，“德”意为下面，“宏”意为怒江，“德宏”意思是“怒江下游的地方”。德宏是一个多民族聚居区，主要世居少数民族有傣族、景颇族、傈僳

① 达辽：布朗语，意为神兽之眼，用竹篾编成网状，在布朗族的观念中是阻止恶灵、辟邪祛灾的万能灵物。

② 参见何知秋：《云南布朗族乡土建筑研究》，《昆明理工大学》2017 年第 1 期。

③ 参见布朗族简史编写组：《布朗族简史》，云南民族出版社 2008 年版，第 132 页。

④ 参见布朗族简史编写组：《布朗族简史》，云南民族出版社 2008 年版，第 130 页。

族、阿昌族、德昂族等。截至2022年底统计，人口较多的民族有傣族35.79万人，景颇族13.42万人。

一、水资源

德宏傣族景颇族自治州境内有“三江四河”，“三江”指怒江、大盈江和瑞丽江、“四河”指芒市河、南宛河、户撒河和萝卜坝河。其中大盈江和瑞丽江属于伊洛瓦底江流域，4条河则为大盈江和瑞丽江的支流。全州有5条河流的集水面积大于10000平方千米，有18条河流的集水面积大于2000平方千米，有36条河流的集水面积大于100平方千米，大型水库有3座，中型水库有6座，小型水库有22座。①

德宏州没有天然湖泊，全州主要的集中供水水源有9个，分别是芒市勐板河水库、芒市芒宽水库、瑞丽市姐勒水库、瑞丽市勐卯水库、畹町河、盈江县木乃河、隆川县章凤水库、梁河县勐科河、陇川县南伞河。总体来看，全州水资源相对丰沛，盈江县水资源量最大，但供需不平衡，坝区和经济发达地区水资源量低，需水量大，而西部高山地区水资源过剩。②

发源于腾冲县的胆扎河和槟榔江的大盈江，在盈江县旧城汇合后始称大盈江，流经虎跳石后，从南奔江口流入缅甸伊洛瓦底江，最后汇入孟加拉湾。过去，大盈河被称为太平河，是德宏州境内最大的天然河流，是盈江县坝区重要的灌溉系统，也是盈江县最大的水源。上游的右支流叫槟榔江，左支流叫南底河，沿西南流经旧城、岗勐、平原、莲花山等城镇，穿过虎跳石谷地，最后进入伊洛瓦底江，主要支流为蚂蟥塘河、盏达河、户宋河、户撒河。《德宏州志》曾记载殷内堂诗：

① 参见李华英、杨明亮：《德宏州最严格水资源管理考核水功能区水质达标评价与分析》，云南省水利学会2018年度学术交流会，第60—64页。

② 参见杨恩剑：《德宏州水源地水质现状及存在问题的思考》，云南省水利学会第九届四次理事会2014年度学术交流会，第837—846页。

“盈江滚滚向西流，萦合诸川赴海陬。灏气直通中外域，洪涛洗尽古今愁。漫谈节帅三征绩，翻美渔翁一钓舟。龙潞金沙真带砺，同夺天堑壮腾州。”尹家令描述盈江说：“盈江经多沃壤。其受利者，下北、小西、和顺、明朗、河西、清水、南甸、干崖、盏达诸处。皆丰美，无虑旱干。”

源于高黎贡山瑞丽江流经腾冲、梁河等县，汇入缅甸伊洛瓦底江。1994 年被定为国家风景名胜区，是云南西部的重要河流之一，在傣语中，它被称为南卯江，即雾水河。元、明两代称麓川河，清代称龙川河、瑞丽河。瑞丽河水流平缓，川流不息，灌溉着两岸肥沃的农田，养育了两岸的各族人民。

芒市河属于伊洛瓦底江水系，是瑞丽江一条支流，集水面积 1902.8 平方千米，自潞西县东北向西南横穿全县，流经芒市坝、三台山、遮放坝，在南蚌与龙江汇合，流入瑞丽江，全长 103.7 千米，自然落差 217 米。[①] 在德宏州境内河长 117.1 千米，穿过芒市、遮放两个大坝区的中部，沿途有果朗河等十几条支流加入，是坝区居民的主要灌溉水源，是潞西县境内汇入瑞丽江的第二条较大支流。[②]

南宛河，傣语又叫太阳河，是中国西南部一条美丽的河流，发源于陇川县清平乡野油坝和蕨叶坝诸山溪，进入陇川坝被称南宛河，全长 143.5 千米，面积 1494.9 平方千米，流经德宏州陇川县，后流入缅甸伊洛瓦底江，最后流入印度洋的孟加拉湾。

二、与水相关的信仰

德昂族的水信仰包括神话传说、水节庆和水仪式、水禁忌。德昂族

① 参见张正强：《芒市河水资源质量评价及其污染控制》，《水文》2007 年第 3 期。

② 参见叶文：《芒市河流域地貌》，《云南师范大学学报》（自然科学版）1990 年增刊第 1 期。

的泼水节在阳历 4 月中旬举行，通常持续三至五天，内容主要是为了纪念佛陀的诞生、成道、涅槃 3 个重大事件。在节庆中，人们相互泼水，祈求神灵保佑来年五谷丰登，人畜兴旺，祝福彼此吉祥如意。在节庆之前，所有参与者要准备丰富的赕品，包括做糯米粑粑，并赶制新衣。泼水节当天，全村男女老少携带竹筒、木桶等盛水工具，来到村寨奘房听佛爷或贺露（先生）诵经。诵经完毕，用清水为佛像和神坛沐浴，每家每户将洗过佛的清水带回家给老人洗脚，祝福老人健康长寿。新婚夫妇在泼水节期间，准备糖果、粑粑、纸花，到寨中长老家一一叩拜，称为“赶朵”，长老家则向新婚夫妇泼水，祝福吉祥欢乐。①

龙阳节是德宏州陇川县德昂族的传统节日，也称喇定节，这个节日有一个神话故事《龙阳传说》，传说龙和太阳相恋，诞下了德昂族祖先。据调查，在陇川，人们将二月二十七日定为龙阳节，本想与汉族传统文化中的二月初二龙抬头日相吻合，但是，在德昂族的民间文化中，二月二日是“硬日”，不吉利，于是最终把日期定在了二月末。龙阳节中一个重要组成部分浇花节，德昂族称为“摆拨”，意思是兴高采烈地去采花，大家欢乐在一起，目的是怀念德昂族的先祖——太阳和龙。节日期间，要将水浇在象征德昂族生命意义的茶树上。德昂族被喻为“古老的茶农”，茶叶在其丰富的神话传说里象征着祖先，预示着生命，水使生命得以为续，赋予水与植物的关系以神圣性。②

德昂族原名“崩龙族”，有“太阳爸爸和青龙妈妈”的传说，祭祀龙神一般要选在春暖花开的时候，届时要杀猪、宰鸡，由祭司画一条纸龙供起来，大家依次磕头礼拜。祭龙结束后，全寨人围在一起饮酒野餐，醉酒后可以互相打骂，直到精疲力尽，第二天再相互道歉。③

① 参见桑耀华、杜玉亭：《德昂族》，民族出版社 1986 年版，第 73—74 页。

② 参见陈瑞著：《论生态文明视野中的德昂族水文化及其社区功能》，《云南行政学院学报》2014 年第 6 期。

③ 参见庞进：《中国龙文化》，重庆出版社 2007 年版，第 166 页。

第六节　水技术和水制度

同其他地区的少数民族一样，楚雄彝族重视兴修水利、引水灌溉，有着较为发达的水技术和水制度。水技术往往因地制宜，地就取材，水制度也与民间规约、宗教信仰紧密联系，对于保护当地的山林水源起着至关重要的积极作用。

在昙华山彝族俚濮地区，出于对水神、龙神的崇拜，产生了不少有关水的禁忌。这些禁忌，对保护昙华山的水资源有着积极的作用。如禁止砍伐水源林和水源附近的树木，不能到泉源、龙潭、水井里洗手、洗脸，更不能洗女人的衣服和小孩的屎尿布；到水源头喝水，没带饮具时要用手捧出来喝或用树叶等舀出来喝，不许伸头直接在泉眼里喝；溪流里严禁乱抛东西，不能在泉水边、龙树旁大小便等。这些禁忌有利于保障水源的供给，防止清洁的水源遭到污染。昙华山俚濮认为，龙神林、河流或者村寨附近的水潭是龙神居住的地方，并把会出水的泉眼称为龙潭，禁止到龙潭里洗衣服、洗澡、饮牲口等，禁止在龙林放牧，严禁人畜践踏，若犯禁就会触怒龙神，给家人及家中带来灾难。①

彝族传统观念认为，污染水体，过多捕捞享用水中鱼、蛙、蚌、蟹、泥，污染众人饮用的山泉、河水，在水中解大小便，在河水源头清洗脏物，将动物的死尸抛入河中，砍伐水源树木，破坏水源都是罪孽，是犯罪行为，所以人去世后超度时恐生前有污染水源的行为，必须替亡灵解罪孽，要念《污染水、捕杀水生动物解罪经》。②这些观念和禁忌存在于个体和集体的心灵世界中，作为一种内化的真实力量，与

---

① 参见杨杨、杨甫旺：《洁净与异化：彝族自然崇拜中的水与龙——以云南昙华山彝族龙崇拜为个案》，《攀枝花学院学报》2018 年第 3 期。

② 陈鸿、张纯德：《开发利用少数民族水文化　保护水资源——以彝族水文化为例》，《思想战线》2011 年第 S2 期。

外在的约束法规和惩罚措施相结合，最为有效的达成了保护水源的积极效果。

考古资料发现，早在4000多年前，生活在洱海区域的白族先民就开始种植水稻和麦类。明清时期，受移民屯田影响，内地的耕作技术不断被白族人民借鉴，与之相关的粮食加工技术也流入了白族地区，根据生产生活的需要，大理白族因地制宜，形成了加工粮食的水磨、水碓和水碾技术。

水磨由磨盘、水车、磨斗、磨升等构成，依据水势、地势盖水磨房，水磨用以加工小麦、大麦、苞谷及豆类等使之成粉面状。磨房高约2.5米，上方为“人”字架，用以悬挂装粮的大磨斗。磨斗一般由木板制成，或以竹皮、藤条编成斗状，上宽下窄；磨升在磨斗下面，连接有一个用木头挖凿而成的小升，磨升下侧凸部被凿空，小麦从中流出。上下磨盘是整个磨的主体构成。磨坊后面有水和水槽，是以水为动力，水沟一分为二,一条为排泄水，一条为利用水，两沟开叉处安有水闸。磨坊下面还有放置水车的地下拱形建筑，根据水磨功率大小而定。水车是启动水磨的关键结构，水车下方承重的木件叫“水马”，支持水车的下铁柱叫“铁碗”。

水碓技术，是利用水利推动水碓转动，用来使谷物脱壳，或将米粒舂成粉状的加工机械，大致结构是水槽、水车、落窝、支车点、碓房等，碓房内有碓马、碓身、堆丫杈、石杵等。水碾技术，利用水力推动水车带动碾轮，碾压谷物，或进行碾碎的一种机器，结构和磨房相似。①

白族的水制度如前所述的云南很多少数民族的水制度一样，也同样由神灵威慑、民间规约、水倌制度组成。白族最早的水崇拜表现在

① 参见张继:《白族传统的水磨、水碓、水碾技术》,《云南民族学院学报》(哲学社会科学版)1997年第3期。

白族先民对自然水体的崇拜，剑川海门口和宾川白羊村出土的陶器上，有大量的水波纹、旋涡纹等与水有关的水纹饰。大理白族有许多与水有关的禁忌，如在渔船上不能打蛇一类的动物，否则会得罪水神、龙王；不得在泉水旁杀猪宰鸡；不得在井泉旁洗衣裤；小孩不得在河水溪流中撒尿；不得乱砍滥伐，否则会得到山神的报复等。这些都是白族人民自我约束的民俗规约。

怒江少数民族的水技术和水制度在第一章中已有介绍。较为特别的是独龙族的捕鱼技术。独龙江盛产鱼，5—8 月是捕鱼最密集、捕鱼量最大的时期，独龙族有着一整套捕鱼工具和方法，技艺和方式很多。比如鱼爪，用岩桑握成弯钩，上面套虎爪和豹爪，以六爪为一束，以石为坠，投在鱼群中间，撒小虫引诱，鱼群来时，使劲拉绳，就能捕获。鱼钩用隼爪或兽骨制作。先将隼爪插入野芋，并用芋叶包裹，再埋入火塘灰烬中，待野芋皮焦心熟时取出，趁爪柔软之时，捏成弯钩，用棕丝扎紧，晾干固定，在细纹石上磨制锋利。捕鱼时大钩用大条烤香的兽肉作诱饵，中钩用野鸡肠作诱饵，小钩用蚂蚱、土蚕、蚁王、蜂、蟑为诱饵，装置有坠无漂，视竿顶点动或凭手心触觉，就知鱼上钩。再如溜筒：取上宽下窄呈漏斗地形，以石筑坝成潭，在坝高 1.5 米处开口，选直径 50 厘米、长 3 米的空心树干一段放在水口，用巨石压紧，下面砌石墩，落差 1 米左右，水流至潭中回转成大旋涡，从木筒涌出，在筒口围 2 米长竹搭木叉，鱼群游至潭中觅食就可捕获。[①] 捕获扁头鱼还有一种方法，不用钩，仅用棕线穿鱼食，系在竹尖端，轻轻刺进江边石洞里，待鱼群吃饵时立即拉上来。[②]

保山少数民族的水技术包括寻找泉源、开沟建渠，水制度包括神灵

---

① 参见独龙族简史编写组：《独龙族简史》，云南人民出版社 1986 年版，第 70 页。

② 参见何大明：《高山峡谷人地复合系统的演进——独龙族近期社会、经济和环境的总和调查及协调发展研究》，云南民族出版社 1995 年版，第 45 页。

的威慑、民间规约和水倌制度。各民族对水源林的保护是一致的。具有数千年生存经验的当地人深谙森林的重要性。森林能够涵养水源，带来肥源，给人类和动物提供栖身之所，而村寨周围的参天古树既能抵御风暴，又能美化环境，所以人们崇拜树木，保护森林，不允许随意砍伐破坏。

在德昂族有关于水的习惯法中，水有至高的地位，如对偷窃犯，在100多年前使用神判，即用沸水中捞铜钱之法来判定，如被怀疑者的手被沸水烫伤，即认为是盗窃犯，要赔偿。到近代演变为群众公断，被怀疑的人是否会偷窃，由大家根据他日常生活及道德品质来判决。当某人被确定为偷窃犯时，即命令其赔偿，如不赔，由全寨公断，加倍处罚或逐出寨子。德昂族中进行偷窃的人很少，人们都认为偷窃是最不道德的行为。①

总之，滇西少数民族众多，各少数民族人民在历史不断发展中逐渐形成了自己的水文化，在节庆活动、生活习俗等中都随处可见水文化的身影。在不断地继承与发展中，这些独特的水文化同时带动着旅游经济的发展，一些水事活动逐渐被开发成旅游项目，吸引着全国乃至世界各地的游客，不仅使水文化得到了一定传播，而且直接带动了当地的经济发展。

---

① 参见德昂族简史编写组：《德昂族简史》，民族出版社1986年版，第62页。

第六章　滇西北少数民族水文化

滇西北包括丽江市和迪庆藏族自治州，地处金沙江、澜沧江和怒江上游，由于滇西北各少数民族所处地理环境、气候条件不同，不同的民族以水为载体而产生了既有共性又相对独特的水信仰、水技术和水制度，共同构成了整个滇西北少数民族异彩纷呈的水文化，使得滇西北在高原风光之外，拥有了更加深广的文化意蕴和内涵。

第一节　丽江市少数民族水文化

丽江市位于云贵高原与青藏高原的连接部位，地势西北高而东南低，最高点为玉龙雪山主峰，海拔一般都在2000米以上，属低纬暖温带高原山地季风气候，境内水利资源丰富，动植物种类繁多。丽江是一个多民族聚居的地方，除汉族外，共有12个世居少数民族，22种少数民族。

一、水资源

丽江市境内有三大水系，分别是长江流域金沙江水系、长江流域雅砻江水系、澜沧江流域澜沧江水系。有程海、泸沽湖、拉市海、文海、文笔海、九子海、中济海等大小数十个高原湖泊。

丽江盆地水资源丰富，主要包括地表水和地下水。玉龙雪山冰川、九子海溶蚀高原洼地等为丽江盆地水资源的主要补给区。地下水的类型主要包括碳酸盐岩裂隙溶洞水和松散沉积岩类孔隙水，地表水体主要有发育于玉龙雪山南麓的漾弓江干流上段青龙河及二级支流的东沙河、西干河、中干河及古城玉河水系，以及岩溶大泉（龙泉、清溪、黑龙潭、玉湖等）、湖泊（拉市海、文海）和水库（团山、清溪、中济、文笔）。[①] 盆地地下水依靠冰川融化水、周边大泉和降水补给，地表溪流也是由这三项组成，补给总量为5838.1立方米/秒，冰雪融化水占13%，周边大泉流量占58%，大气降水渗入补给量占29%。[②]

漾弓江是丽江古城及玉龙纳西族自治县重要的生产、生活和生态水源，“城依水存，水随城在”的景观水环境是大研古城的灵魂。丽江大研古城目前主要水资源地有黑龙潭、三束河泉水、清溪水库。20世纪90年代前，黑龙潭水可以满足丽江市主要生活及景观用水需要。90年代末，黑龙潭泉群季节性或跨年度持续干涸，对城市供水保证率降低。清溪水库功能从农田灌溉为主转变为黑龙潭重要景观补充水源，2020年新增三束河泉水为黑龙潭和古城玉河景观用水和城市生活用水的补充水源。[③]

丽江古城的水系叫玉河，玉河为漾弓江二级支流，源头为黑龙潭泉群。黑龙潭泉群的汇流带位于城区东北部九子海复向斜南部翘起端，即象山山麓从清溪至黑龙潭山脉一带。在黑龙潭上游约1.5千米的地方有一个泉群叫清溪泉群，清溪水库是为了更好地调节清溪泉群的水资源而建的小（一）型水库，位于丽江古城以北的清溪村，水库的来水为清溪泉群。清溪泉群从来没有出现过干涸断流现象，供水保证率高，是黑龙潭和丽江古城景观用水的重要补充水源。黑龙潭以及清溪的泉

① 参见范弢、庄立会：《丽江城市水资源评价》，《水资源保护》2008年第2期。

② 参见范弢等：《丽江水资源环境态势与调控对策研究》，《生态经济》（学术版）2007年第2期。

③ 参见范弢等：《滇西北主要城市水资源环境问题分析》，《资源科学》2008年第1期。

丽江古城的小桥流水（唐新荣 摄）

水通过玉泉河分三股流入丽江大研古城后，又分成无数支流，穿街绕巷，流布全城，使古城居民生活生产用水、清洁街道、古城消防和下游农田灌溉有了可靠的保障。[①]

结合丽江丰富的水资源，丽江市相继开发出黑龙潭、玉水寨、古城玉河水系、白马龙潭、拉市海、泸沽湖、程海等主要水景观。黑龙潭公园始建于乾隆二年（1737年），是丽江著名的风景区，也是世界文化遗产丽江古城玉河水系生态景观用水的主要水源。其位于丽江古城北，因在象山山脚一带出露丰富的泉水而闻名，主要有5个泉水出露点，通常称为黑龙潭泉群，年出水数千万立方米，在丽江坝区众多的泉群

① 参见李继木：《丽江水资源调查评价》，《昆明理工大学》2007年第9期。

中是最大，也是最为有名的一个。[1]清溪水库水源来自玉龙雪山，这些水流向黑龙潭和丽江古城，是丽江市民的重要水源之一，由两个水库组成。

丽江地区主要的两个湖泊为程海和泸沽湖。程海古名程河，又称黑伍海，位于云南省永胜县中部，是一个呈南北长而东西窄的椭圆形湖泊，为滇西第二大淡水湖，是世界上天然生长螺旋藻的三大湖泊之一。程海曾经是一个外流湖，湖水通过程河向南30余千米流入金沙江。据《永胜县志》记载，当时平均水深72米，在1690年前后湖泊水位突然快速下降，成为封闭型湖泊，这个内陆封闭型高原深水湖泊，没有进出流，湖面蒸发量大约是流域降水量的3倍，主要靠东西两山的地下水及降水补给。

丽江市黑龙潭公园龙神祠供奉的龙王（沈玉菲 摄于2022年7月）

① 参见和菊芳、方金鑫：《丽江黑龙潭泉水动态变化与降水关系初探》，《中国农村水利水电》2019年第8期。

程海周边以汉族为主，唯一一个少数民族村寨是金兰村，当地人不但保存着著名的“上刀山下火海”习俗和“刀竿节”，而且也非常重视对龙的祭祀。

泸沽湖又名左所海，俗称亮海，横跨云南、四川两个省份，位于云南省西北部丽江市宁蒗彝族自治县与四川省西南部凉山彝族自治州盐源县之间，是由断层陷落而形成的高原湖泊，是云南省海拔最高的湖泊，我国第三大深水湖泊。泸沽湖风光旖旎，湖面宛如一面平静无垠的巨大明镜，镶嵌在群山之中。湖畔阡陌纵横，田园牧歌，木屋庭院，炊烟袅袅，牧歌阵阵，如诗如画。优美的自然环境和奇特的民族风情，使这里成为著名的旅游目的地，人们把群山包围中的泸沽湖称为“人间圣湖”。泸沽湖云南区域内主要居住着彝族、普米族、纳西族等少数民族。泸沽湖被当地摩梭人奉为“母亲湖”，打鱼是人们的主要收入来源。此外，泸沽湖有着庄严的神圣性，摩梭人认为湖中有神灵，不能冒犯，在特殊的日子，“达巴”[①]会主持相关仪式祭祀水神。

二、与水相关的信仰

纳西族主要聚居在滇西北的丽江市。纳西族人民不仅认为人类衍生于水，同时还认为动物、神灵都是经过水衍生而来。

流传于云南省玉龙纳西族自治县的纳西族神话《禹将石》讲述的是：在大禹治水的时代，石鼓镇的四面都是高山，哈巴雪山与玉龙雪山连成一体，挡住了金沙江的去路，因而这一带经常发大水。大禹为消除这里的洪灾，派遣治水将军凿通山壁，疏导金沙江。治水将军在治水的过程中，因劳累过度而倒下睡觉，结果误了大事。醒来后他用自己神奇的头颅撞开了山崖，疏浚了江水，金沙江于是滚滚东流。为纪念

① 达巴是泸沽湖地区摩梭人的原始宗教巫师。

这位治水英雄，人们将他的无头遗体抬到石鼓的江边。遗体后来化为山石，人们雕了一个石头安在上面，当地人将之称为“禹将石”。大禹为治水将军刻了碑，后人称为“禹王碑”。

流传于云南省玉龙纳西族自治县的纳西族神话《玉湖水术神》中讲述的是：远古时代，一位老农住在玉湖边，以放牛为生。湖水中的术神可怜他，便变成一个小男孩，送佳肴给他吃。有一次老农求术神现出原形，术神叫他到湖边祭祀。老农照办，立即有一只长着蛙头、人身、蛇尾的神物向天空飞腾，不一会儿又倒栽下来，永远沉睡在湖底。原来老农在行祭祀仪式时，让秽气冲撞了术神，使术神生气了。所以玉湖的水流到白沙乡就消失了，到不了丽江古城。

流传于云南玉龙纳西族自治县的《七色花水传说》，讲述的是：蛮荒时代，洪水淹没了世上所有的花草。神灵启发一位名叫巴徐巴铮的姑娘，如果到东边一座高山顶上引来七色花水，大地就会百花齐放。巴徐巴铮便在二月初八这一天起程去找花水。后来，神灵告诉她，必须用泉水开路，才能将七色花水引到丽江坝子来。巴徐巴铮便吞下神灵赐予的龙珠，自己化为一股泉水。有了这股泉水的引路，七色花水顺畅地流到丽江坝子。从此那里花繁草茂，四季常青。每年的二月初八，纳西人会带上美酒佳肴来到泉边花间聚会，以缅怀巴徐巴铮。[①]

纳西族惜水、爱水、护水，在纳西族的东巴经中，有专门叙述水的经文《迎净水》，其中说：“远古之时，天上出现了九个太阳，大地上人类热得不能坐，渴了无水喝，老天不下雨（水），大地上草木不能发绿。……美楞董主（传说人类始祖之一）向天上叫三声苦，十八层天上的盘孜沙美听见了，便从五个手指上放出五滴水，五滴水落在五架山上，水从高山上流出的原因就出在这里。以后……人类……又去推算

① 参见云南省少数民族古籍整理出版规划办公室编：《云南民族口传非物质文化遗产总目提要·神话传说卷》下卷，云南教育出版社 2008 年版，第 105—130 页。

水的历代宗系……果双金罗巴坐在高山上，喊出了可以饮用的水，喊出了硝水和盐水。”这里所说之“水”，指的是自然之水。另外，《迎净水》还专门讲述了泉水、盐水、硝水、药水乃至人类饮用之水和灌溉之水的来源。

纳西族生活处处离不开水。纳西族屋顶要挂木雕“悬鱼”，因为他们认为有鱼的地方就有水，有水家族就兴旺，有水就不会有火灾。纳西族“以水还酒”——男女双方订婚时，男方聘礼当中必须有一坛酒，女方还礼时则需要在男方带来的酒坛中还一坛清水，清水便是男女双方的定情信物，清水即代表女方人品，还暗示美好生活。纳西族每年举行盛大的民族节日“二月八”，又称为祭三多，在农历二月初八这天要以家族为单位，到白水台烧香祈福，以求平安。纳西族还要“祭龙王”——农历三月十五是纳西族传统的祭祀龙王的节日，龙王是掌管水的神，平时若是求雨、天灾都可以祭拜龙王，以求龙王保佑五谷丰登、

沪沽湖里格半岛（沈玉菲 摄于 2022 年 7 月）

风调雨顺。每年大年初一，纳西族还有“买水”习俗，烧香磕头后到河边买水，以求来年清洁平安。在祭祀过程中，祭司要拿一碗干净的水和些许蒿枝，边洒水边念吉祥语。[①]

第二节　迪庆藏族自治州少数民族水文化

迪庆藏族自治州于1957年9月13日建立，是云南省的8个自治州之一，藏语意为“吉祥如意的地方”，面积2.38万平方千米，位于云南省西北部，滇、藏、川三省、区交界处，自治州人民政府驻香格里拉县。迪庆藏族自治州汉属越巂郡，唐属南诏铁桥节度，元属丽江路宣

在奔子栏观金沙江第一湾（沈玉菲 摄于2022年7月）

① 参见李福军：《纳西族水崇拜习俗的文化生态学意义》，《楚雄师范学院学报》2008年第2期。

抚司，明属丽江军民府，清设中甸、维西两厅，隶丽江府，民国设维西、德钦两设治局。截至 2022 年底，迪庆藏族自治州辖香格里拉、德钦两县及维西傈僳族自治县，常住人口为 39.1 万人，居民有藏、傈僳、纳西、汉、彝、白、回、普米等族。[①]

一、水资源

迪庆州河流分属长江及澜沧江两大水系，境内有澜沧江、金沙江自北而南贯穿全境，金沙江在境内流程 430 千米，流域面积 16810.8 平方千米；澜沧江在境内流程 320 千米，流域面积 7059.2 平方千米。全州共有大小支流 221 条，沿两江干流四射分布，形成典型的羽状水系。其中流量 7—43.7 立方米 / 秒的有 10 条，0.2—7 立方米 / 秒的有 94 条，0.1—0.2 立方米 / 秒的有 117 条。这些支流发源于海拔 4200—6740 米的 211 座雪峰、94 个大小高原湖泊，多数支流具有水量充沛、汛期长、枯期流量稳定、水质好、落差大而集中、水能蕴藏量丰富等特点。[②]

二、与水相关的信仰

迪庆境内居住藏族、汉族、傈僳族等多个少数民族，其中藏族人口约为 33%。迪庆州有“日照金山”的梅里雪山，有“长江第一湾”，有无数圣洁的湖泊，动植物资源丰富多彩。迪庆州水资源十分丰富，水是藏族日常的必要资源，同时也是藏族传统文化的一个重要载体。

流传于云南省香格里拉部分地区的女娲娘娘的故事讲述道：女娲用泥土造出人以后，领着这些泥巴娃娃到森林里玩。娃娃们长大后，她把他们配成对，再让他们分散在四面八方。洪水泛滥时，她又忙着去

---

① 参见夏征农、陈至立主编，史金波等著：《大辞海》（民族卷），上海辞书出版社 2012 年版，第 73 页。

② 参见李中校、王永昌：《浅析云南省迪庆藏族自治州水资源管理》，《水资源开发与管理》2016 年第 2 期。

纳帕海（沈玉菲 摄于2022年7月）

补天。她先用泥巴去补，可天还是漏水。再用木头去补，木头也被水冲掉。女娲正在着急的时候，大虾鱼咬断自己的四只脚，让她拿去补天，才把洪水堵住。后来，女娲又到大山上、海底下找来五彩石，用它们补天既光滑，又好看。天补好后，女娲就死了。后人为了纪念她，专门建造了一座女娲宫。[①]

奶子河是香格里拉人的母亲河。有一个传说讲述道，古时候，拉萨有位部落首领，他的女儿一心向往东方美丽的草原。姑娘长大后拒绝了大人许配的亲事，被父亲锁在王宫里。一天，她借口朝拜神佛，来到布达拉宫墙下的一口水池旁。她见池水洁净得像刚挤出的乳汁，便又有了见识东方草原的强烈愿望。趁人不备，她一头扎进了池中，化

① 参见云南省少数民族古籍整理出版规划办公室编：《云南民族口传非物质文化遗产总目提要·神话传说卷》下卷，云南教育出版社2008年版，第169页。

身为水，向东方草原流去。姑娘穿过了无数雪山峡谷，终于来到了建塘[①]，见到自己心仪的地方。草原上的人们清早起来，发现面前多了条小河，河水像雪白的乳汁一样缓缓流淌。他们亲切地称它为“妩满曲”——奶子河。

在香格里拉地区丰富的神话传说中，水无处不在。有一个传说讲述的是：从前有个叫农布的拉萨人，让神驹驮上当地的土特产品来到中甸（今香格里拉）。他发现这里山清水秀，如诗如画，就定居下来。后来他又迁居到其他地方，临走时，他的神驹连踢三下。这样，小草坝的三面被踢成了三堵悬崖。他又将带来的小圆锅架在三块石头上，并向天祈祷一番后就远走他乡了。不知过了多少年，小圆锅慢慢膨胀，变成了今天的宗供山，山下的岩缝中流淌着一股山泉，汇集成湖。再后来，从外地搬来一个龙王，住在宗供山脚下的湖里。它凿穿湖底，湖水泄光，显露出广阔的草原。后人就把这里叫建塘。因这里农田肥沃、物产丰富，又被叫作“朵农布斯”。[②]

迪庆藏族自治州巴拉村藏民家中的水缸
（沈玉菲 摄于2022年7月）

藏族人认为水神是主

① 建塘镇，隶属于云南迪庆藏族自治州香格里拉市。

② 参见云南省少数民族古籍整理出版规划办公室编：《云南民族口传非物质文化遗产总目提要·神话传说卷》下卷，云南教育出版社2008年版，第174—176页。

宰水的神灵，凡是水都由水神掌管，雪山、湖泊、溪流都有相应的水神居住。藏传佛教于7世纪之后传入迪庆地区，在藏传佛教信徒心中，湖是人间天堂雪山融化的，湖水是佛祖赠予人间的“圣水”，“圣水”可以清除身体及心灵的污秽。古往今来，水神崇拜在藏族人的信仰体系中占有重要的地位，人们给每个湖泊、泉水、河流都赋予了神圣的理念，生活在神水周围的人们都有保护神水、崇拜神水的意识。在藏人看来，圣水是神圣不可侵犯的，水神是一种引发人们疾病和灾难的一种象征物，龙神中的“鲁”神就能释放424种疾病，被称为“龙病”。这种观念几乎是根深蒂固地存在于藏人的心中，在日常生活中形成很多与水相关的禁忌和习俗，如一般不食水生动物，不往水里投脏物，保持水源和周边的洁净。[①]这种在水神崇拜观念的基础上形成的宗教禁忌，无形中成为这个社会普遍认同和实施的环保概念，而保护水、神湖、河流等就成为每个藏人义不容辞的责任，这样，一种宗教理念无时无刻不保护着被人们视为生命之源的水，在无形中起到了生态保护的功能。[②]

与水有关的习俗还有“抢头鸡水”和“沐浴仪式”。“抢头鸡水”即每年农历大年初一清早鸡鸣后，各家都要争抢头鸡水，村民来到泉水边进行祭祀水神，祭祀水神后将水背回家中，盼望家中来年吉祥如意。水缸是藏民居家必备物品，更是重要的水文化符号，藏民家中的水缸是大海的象征，水缸在藏族家居中有重要的地位。“沐浴仪式”指的是藏族人一生有三次重要的沐浴仪式：一是出生用水洗去血污和羊水，二是结婚前洗去污秽，三是死亡时净身进入天堂。藏历七月初六至十二，男女老幼也会到溪水中沐浴。难得的是，敬水、爱水、护水

---

① 参见徐小霞：《藏族传统龙神崇拜的复合性与中原文化因素探究》，《玉林师范学院学报》2021年第5期。

② 参见普华：《藏族水神崇拜习俗探微》，《牡丹》2016年第2期。

的观念和行为作为藏族人日常生活中的重要组成部分一直传承至今。

第三节 水技术和水制度

水是丽江古城的灵魂，生活在这里的主体民族纳西族是非常重视水文化的民族，龙潭用水采取分潭而用的规定。在丽江古城至今还保留着建有三个水潭的“三眼井”，第一个水潭饮用，第二个水潭洗菜，第三个水潭浣衣，从古城建成至今，这个规矩一代代传下去，无人违反。[①] 井水顺地势高差形成的坡度，自泉源流出后，流满首塘，接着自然流入第二塘，在流满第三塘后，流到外部沟渠。挑饮、淘米洗菜、浣衣、刷地，一个完整简便的卫生节水系统就形成了。为了维护水塘的清洁干净，严格禁止在水井边杀猪宰牛，以免血流满地污染水井，禁止吐痰、乱扔生活垃圾，否则水神会降罪，招来灾祸。总之，三眼井分潭用水，卫生，节水，生态，环保，值得保留并借鉴。[②]

丽江古城三眼井（唐新荣 摄）

猪槽船是川滇交界泸沽湖里的独木舟，人们将一根粗壮的圆木凿空，两头削尖

① 参见李福军：《纳西族水崇拜习俗的文化生态学意义》，《楚雄师范学院学报》2008年第2期。

② 不过，除了丽江纳西族，大理白族也普遍存在“三眼井”的用水方法。

而成，因其状如一只长长的猪槽而得名。清代道光《盐源县志》记载当地少数民族风俗时写道："……挎巨木中空，桦短以济，曰猪槽船。"据当地的民间传说，猪槽船的起源与很久以前当地一位正在喂猪的摩梭女子在洪水灾害中以猪槽求生的故事有关。后来，人们为了纪念女子的机智勇敢，便一直沿用猪槽船。在日常生活中，猪槽船不仅有湖上捕捞鱼虾、捞猪草等生产功能，而且是摩梭人"阿夏交"[①]的重要工具。随着近年来泸沽湖文化旅游业的蓬勃发展，猪槽船越来越成为摩梭人水文化的一个重要符号。

纳西族至今还保留着"神树林"，并且用村规民约的方式规定，任何人不准砍伐"神树林"中的树木，不准在"神树林"里放牧，不准在"神树林"里撒尿，目的是涵养水源，维持生态平衡。村庄周围树木繁茂，从远处看，每一个村子都是一片树林，体现出人与自然和谐相处的生态观。今天在纳西族日常生活中还保留着严禁抛、洗污秽之物和解大小便于水的民约，都是水崇拜在生活习俗中的体现。[②]每天早上10点前不能到河里洗东西，不准倾倒污物；大年初一清晨要到河边井口点香买水，当天用的水要在头天即年三十挑完，否则神就会认为你索取过多而不高兴。

最引人注目的莫过于纳西族的洗街习俗了，傍晚，集市散去，四方街上垃圾遍地、污渍斑斑，聪明的纳西族关闭西河的活动水闸，利用古城西高东低的自然落差，用西河水自动冲洗四方街，洗街后的河水流进中河，灌溉了丽江城南边的上万亩农田。形成了白天为市、薄暮

---

① "阿夏"是摩梭古语，意为亲密的情侣。阿夏交是摩梭人的一种婚姻关系，其特点是：建立婚姻关系的双方，男娶，女不嫁，各居母家，男方暮来晨往，仅在女家过夜。所生子女为女家成员，姓氏随母。子女与生父没有经济上的必然联系，生父也没有抚养子女的法定义务，但他们之间可以相互走动和关照。

② 参见李福军：《纳西族水崇拜习俗的文化生态学意义》，《楚雄师范学院学报》2008年第2期。

德钦县214国道边的水力转经筒
（沈玉菲 摄于2022年7月）

涤场的独特街市景观。[1]

迪庆地区最具特色的水技术是水力转经筒。转经筒是藏族人民精湛技艺和宗教信仰的结合，是藏民的重要宗教设施，也是藏式建筑的主要组成部分。水力转经筒多分布于水资源丰富的地方，水是水力转经筒的主要动力。水动力转经筒，转经房长宽多为2.2米，高3米，左右两边对称，4个角各起1根立柱，柱上托横梁，梁上托椽子，最上部以当地石板为材料做两道檐口，再在各个部件上饰以颜色装饰。4根立柱上部横穿1道木梁，下部木梁结合有左右两个“雀替”[2]，木梁与木梁之间设有木板，上铺以彩绘装饰。飞子木之间都有木板相隔，并绘以彩色纹饰，上部檐口收头，最上层的木板之上一般再放上1层当地片石，片石上用筒瓦和石料压顶，结合黏土做成斜坡以利于排水。在转经房内部设有可活动的大型转经筒，在转经筒里放置大量经文，底部用扇形铁质叶片和河水相互作用。5个转经房错落有致地散布在从山上流淌下的雪水上，顺着水流的冲力，转经房内部的转经筒在铁质扇叶的带动下转动，借助大自然

① 参见耿鸿江：《丽江水文化初探》，《水利发展研究》，2005年第8期。

② “雀替”原是放在柱子上端用来与柱子共同承受上部压力的物件，具体位置在梁与柱或枋与柱的交接处，除了具有一定的承重作用外，还可以减少梁枋的跨距或是增加梁头的抗剪能力。

的条件完成宗教信仰活动和祈祷。[①]

在水制度方面，迪庆地区主要也包括涉水神灵的威慑、民间规约和水倌 3 个方面，但是在神灵威慑方面较为明显地体现出了藏传佛教色彩。总的来看，滇西北在水信仰、水技术和水制度方面与其自身所处的地理位置和气候环境密切相关，尤其在宗教内涵方面与其他地区相差较大。丽江的水文化与东巴教息息相关，迪庆的水文化则与藏传佛教关系密切。

① 参见崔文河、王炜：《甘川交界区藏族水动力转经筒乡土特色研究》，《城市建筑》2019 年第 16 期。

第七章　云南少数民族水文化的特征、传承和变迁

第一节　云南少数民族水文化的特征

丰富奇妙的云南少数民族水文化是中华水文化乃至世界水文化的重要组成部分，它具有水文化的普遍共性，也有鲜明的个性色彩。总的来说，云南少数民族水文化主要具有神圣性、全民性、整体性、生态性四大特征。

一、神圣性

水具有流动性、多变性和不易控制性，不仅能创生万物人祖，滋养生灵，也可以瞬间毁灭人类及一切。水在人类心灵里一直笼罩着神秘莫测的色彩。在大自然和水面前，人类深感自身的渺小。千百年来，云南少数民族延续着古老的万物有灵观念，保存着自然崇拜、图腾崇拜、祖先崇拜等朴素信仰，相信水有水神，具有神秘的超自然能力，个性喜怒无常，水是动态的图腾。于是，人们不但创造了充满想象力的水神话，而且通过祭祀活动祈求水神的帮助，通过禁忌表达对水神的顺服和敬爱，渴望有充足和清洁的水资源保证生产生活之需，企盼风调雨顺、五谷丰登、安居乐业。于是，人水关系就自然地表现为人神关系。

人类一切行为无不根源于深层或浅层的观念，水的神圣性观念正是

云南少数民族水行为的本源。云南各民族的水神崇拜包括水生动物崇拜的自然神和人格神。自然神有井神、河神、江神、湖神、海神、风雷雨电神、金鱼、螺、青蛙、蛤蟆、蝌蚪等；人格神包括龙神、龙母、龙子、龙女、水精、水妖、火龙、恶龙等。不仅如此，水神有时还包括被神化的人物。在华夏体系里，有妈祖的原型林默[①]，历史人物大禹、苏轼、王巩作、李冰、曹娥、晏公、杨四将军、柳毅、向王[②]等也被奉为水神。彝族龙神的原型是彝族远古部落英雄祖先支格阿龙。广义的水神不仅有与水直接相关的神灵，还衍生到天神、山神、林神、村寨神、雷神、雨神等。与水相关的祭祀仪式包括迎水仪式、取水仪式、治水仪式、祈雨仪式、谢雨仪式，习俗包括端午节、泼水节、赛龙舟、神鱼节、龙舟盛会等。

神圣性是云南少数民族传统水文化的核心特征。水是生存发展的首要保障，因为认为水有神圣性，所以各民族都敬水护水，人们对水的态度和使用方式蕴含着保护水资源、合理利用水资源的独特智慧和丰富经验，无形中达成了构建平衡和谐的水生态和水环境的积极效果。

二、全民性和整体性

水是人人必需的公共自然资源，一直处于生生不息的循环流动中，无论是村落还是族际，甚至村落群，人们围绕共同的水资源，自然地形成了大大小小的水生态共同体，使得水文化具有了全民性和整体性特点。

云南少数民族水文化的全民性，既体现在水神话、水信仰和水技

① 林默，宋建隆元年（960 年）农历三月二十三日诞生于莆田湄洲岛，因救助海难于宋太宗雍熙四年（987 年）九月初九逝世，后被视为海神，称为妈祖。妈祖是以中国东南沿海为中心的海神信仰，又称“天妃”“天后”“天上圣母”“娘妈”等，是历、现代船工、海员、旅客、商人和渔民共同信奉的神祇。

② 向王，流传于湖南张家界市及湖北长阳、五峰、鹤峰等地的土家族民族英雄人物。

术方面，也体现在水制度方面。如何管理和利用水资源与所有家庭和个体息息相关，所以，无论是祭祀禁忌还是村规民约，或是选举水倌，只要是水事活动和水务活动，人人关心，家家参与。在具体水源所润泽和涵盖的范围内，所有村落和民众自然拥有共同的水权，这就是水制度的全民性和集体性。无论任何时代、任何地区、任何个体都不可能单独应对和解决水的问题，任何水事活动都需要通过社区集体力量来共同面对、合力承担；相应地，集体行动又调整了社会秩序，加强了社区的凝聚力，有效地协调了族际关系，凝聚了区域社会，从而推动历史不断前行。

水文化的整体性在于水文化与其他文化的不可分割。与水相关的信仰文化伴随着一个民族从古老的蛮荒走到现代，是他们世界观、宇宙观、生命观、自然观、价值观等传统哲学思想的重要组成部分。我们在了解民族文化的时候不能忽略水文化，但也不能只谈论水文化。民族传统文化就像一条河流，由无数的浪花组成，任何一朵浪花都不能独立存在，我们需要在整体视角下关注具体的文化事项，这样才是符合事实的。

水文化的整体性内涵还包括，各民族不但发明了物质层面的治水和管水技术技能，创造了精神层面的水神话、水信仰、水习俗，还衍生了各类与水相关的具有艺术性的文化展演，以及各种充满审美性的作品，如建筑、诗歌、音乐、服饰等。

此外，水文化的整体性还需要考虑不同民族的文化交融。尽管云南少数民族生活于高山峡谷之间，交通不便，信息闭塞，但并非完全与世隔绝。自古以来，很多民族都有沿河流迁徙流动的历史，加之云南与中原的长期互动，在此过程中不同民族自然而然地发生接触，对于传统有坚守也有改造。事实上，传统本身就是一个不变中有变化、变化中有坚持的过程，没有一成不变的传统。所以，任何民族的水文化都不可避免地持有其他民族的文化元素，可以说，少数民族水文化是民族之间相对独立又彼此交融的结果，既有地区性、民族性，又有共性，这也是我们华夏文明血脉相连的生动体现。

三、生态性

在漫长的历程中，各民族创造的水文化蕴含着丰富的地方性生态智慧和经验，蕴含着人与自然可持续发展的生态观和生态实践。人与水并非一种紧张对立的利用与被利用的关系，而是充满了人对水的敬畏和感恩。

在各民族的水神话史诗中，水能够创世创生，也能够毁灭世界，在水面前，人显然是渺小的。这是人对水以及对自身的理性认识。在江河湖泊的传说中，水往往被赋予了人的性格特征和情感，河流或湖泊之间彼此有爱恨情愁，从而寄托了人对水的认同心理和深深的依赖。比如丽江纳西人认为人与自然和其他生命是浑然一体的，大自然抚育了人类，人的生存依赖于自然，自然对人类具有难以用语言尽述的恩惠，人欠着自然的“债”，这些“债”要通过对大自然神灵举行祭祀仪式来偿还。正是因为这种将大自然拟人化并将人与自然一视同仁地平等看待的“生命一体化”观念，纳西人所生活的地域得以长期保持人与自然和谐、生态环境良好的人居环境。①

在各类水神祭祀仪式中，人们用各种方式来取悦水神，供奉水神以美食，向水神表达虔诚敬畏，祈求水神保佑风调雨顺，制定村规民约禁止亵渎水体和水环境，等等。在非理性崇拜的同时，又理性地创造出各种有效的治水技术和设施，严禁对水资源进行侵犯破坏。传统水技术和设施，基本上都是就地取材，因地制宜，依靠手工技能造就，

---

① 参见杨福泉：《略论纳西族的生态伦理观》，《云南民族大学学报》（哲学社会科学版）2008 年第 1 期。

往往构思巧妙，技艺纯熟，显得极富生态智慧。

总之，以崇水敬水、惜水护水为核心的水文化体系，可以说是一种生态文化，同时兼具自然生态和文化生态以及社会生态的综合生态价值。云南少数民族地区的山林和水源大多因被视为水神栖居的圣境而受到保护，在今天现代化和全球化的冲击下，为我们留下了为数不多的纯净水源地。

水文化的功效并非局限于水。在各种水禁忌和严厉的水规水法下，村落因水而治。而且，从人类学的角度来看，水神祭祀和防洪治水等水事活动属于人人参与的社会行动，同一社区的男女老少通过一系列的分工协作，紧密团结，有效地消弭了平时积累的社会矛盾和邻里冲突，对于一个家庭和一个社会结构的重新调适和个人心理的重建有着重要的现实意义。

当然，随着科技的进步和社会的发展，少数民族水技术和水设施也不可避免地表现出了很多的不足和局限性。过去，各少数民族发挥聪明才智，因地制宜，就地取材，充分利用当时的地势地形，并考虑到风向问题，使用刀、斧、锯、锄、钎等简单的铁制工具，利用日常生活环境中的土、石、木、竹、藤条等自然材料，采用阻挡和疏浚等人工方法，适时地调整基础水利设施的角度，极富创造力地创制了整套水利技术和水利设施，构思巧妙，运转灵活，低碳环保。但是，因为工具简单、材料粗糙、手工技能限制，水设施使用年限较短，更难以抵挡较大洪涝灾害所带来的破坏。此外，治水材料易损，所以全民性修护各种水利设施成为常态的治水工作。[①] 现代先进技术和大型水利设施设备弥补了这一缺陷，对于解决少数民族地区的饮水、灌溉等问题起到了重要的改善作用。不过，新的问题也随之出现——现代水利往

① 参见黄龙光：《上善若水：中国西南少数民族水文化生态人类学研究》，商务印书馆 2017 年版，第 135—158 页。

往治标不治本，对于水源的保护和日益恶化的生态环境力不从心，现行的水管理制度也因为剥夺了普通民众的水权利而使得水环境的恶化（态势）雪上加霜。在这样的背景之下，我们有必要进一步加强对云南少数民族水文化的挖掘整理，从传统中寻找古老的智慧和力量，以助于解决当下的水问题。①

第二节　云南少数民族水文化的保护传承

云南少数民族水文化是中华民族传统文化的有机组成部分。

现代科技是一把“双刃剑”。一方面，水利技术带来了巨大的经济效益，解决了电力、灌溉、饮用水、航运等很多问题；但另一方面，是否就完美解决了自古就存在的人水矛盾呢？我们看到，在科技日益发达的今天，为了追求短期利益，我们已经付出了生态环境被严重毁坏的沉重代价。云南的高原湖泊滇池和洱海水质污染就是典型的例子。在很多县城和乡（镇），甚至很难找到一条清澈的河流。

水是基础性的自然资源和战略性资源，是一个国家或地区综合实力的重要组成部分，既是生态环境的控制性因素，也是社会经济发展的主要制约因素。在当代，人类文明的发展到达了新的高峰，同时也面临着严峻的水危机，包括人类自身不断扩大的用水需求所带来的水供给不足、水资源过度开发造成的水环境破坏、污水排放造成的水环境污染、气候变化造成的水资源短缺，以及干旱、洪涝等水相关的灾害等。据统计，地球上现有超过 10 亿人缺乏清洁的生活用水，有 26 亿人没有与水相关的如厕、沐浴等卫生设施。另一方面，城市化、各种产业发展对水的需求却在不断扩大，气候变化带来的灾害在加剧，人

① 参见黄龙光：《上善若水：中国西南少数民族水文化生态人类学研究》，商务印书馆 2017 年版，第 135—157 页。

祥云县七宣村彝族哑巴节哑巴神（沈玉菲 摄于2021 年 6 月）

类所面临的水危机对可持续生存带来了越来越严峻的挑战。与此同时，由于生存环境和生产生活方式的变化，尤其是城市化的快速发展，使得人类与水的关系已发生了巨大的改变，其中最重要的就是现代水供给方式带来的人水之间关系的改变——在传统社会，人对水长期以来怀着深深的敬畏之心，所有的人都对水的保护和使用负责。而在今天，在制度上，水管理的责任已经退缩到了政府有关部门和一些企业中，和广大的民众已经脱节。在观念上，人们更多地将水作为一种消费品，作为一种用货币就可以从供水公司和商店中购买的商品，水为人服务，人凌驾于水之上，这是导致水资源保护困难的根本原因。

当今社会中人水关系远远不及传统社会和谐密切，尤其是无法与农耕社会相比；在城市中，传统农耕社会涉及水的宗教观念、仪式等已消失殆尽，哪怕在农村地区，人对水的认识和态度也发生了翻天覆地的转变。可以说，人们对水与人类历史发展的关系、水在人类社会发展中所扮演的角色的认识已经渐渐淡漠。因此，探索研究并进而保护传统少数民族水文化有助于我们深入认识水在人类发展历史中所扮演的重要角色，树立正确对待水的意识以及建立起一种人水之间的可持续关系，这一点对于当代水危机的化解、实现水资源的可持续利用是重中之重。

那么如何建立人水之间的良性关系呢？如前所述，关键在于人对水应怀有敬畏之心。在新时期，敬畏之心表现在我国已经开始着手建构的人与水和谐自然的生命共同体中。但是，具体又如何实践呢？笔者认为，对于云南少数民族地区，可以从 3 个方面进行。第一，坚持以法制为根本。第二，从理念上吸纳中国传统文化中人天合一等优秀生态思想。第三，允许、保护传承各少数民族传统水文化。

水文化的保护传承首先在于对与水相关的信仰仪式活动、仪式专家、民间习俗的尊重和允许。水文化的传承有很大的地区差异。有些地方、有些民族仍然传承得较好，如西双版纳勐遮镇的曼迈傣寨，水的神圣观念仍然普遍存在于当地人心中，爱水敬水的水文化传统仍然代代传承着。虽然早已用上了自来水，但寨中水井依然是社区文化空间的核心，井身用傣文刻有爱护水井、禁止玷污井水等民间水法，泼水节或赕佛祭祀仪式需要用水的时候，仍然要汲井水而用，不能使用自来水。在大理剑川白族地区，阿吒力教认为龙潭的水具有特殊的神圣性，如果取用其他地方的水，就会影响到整个仪式的有效性，所以供神佛或洒净用水都要去龙潭取用，哪怕龙潭遥远，也不能用自来水代替。此外，人们还仍然举行绕海会、祈雨等仪式和节庆。大理白族地区龙王庙众多，莲池会或妈妈会的中老年妇女常去祭祀供奉，香火相当兴盛。据说德钦藏族认为洱海是太阳的故乡，具有神圣性，所以朝拜鸡足山后往往要绕海一周。祥云县禾甸镇七宣彝族村至今仍保存着祭祀龙王的哑巴节。

对于云南少数民族来说，在过去，用水和治水是村落生存和发展的头等大事，人人参与公共水事是传统的习惯。水文化的传承是社会生活的一部分，是家事，也是村事和民族事，属于集体传承，所有的群众都是传承主体。不过，曾经全民传承的水文化，现在主要保留在中老年群体中。其中，熟谙本民族历史和地方性知识、拥有宗教权力的民间祭司、巫师，德高望重的民间知识分子，掌握传统水知识和水技能的能工巧匠，以及秉公办事的管水人员，都是少数民族水文化传承的重要主体，是水文化传承的核心角色和重要力量，但是这部分人已经越来越少，对他们给予认可和尊重是延续传统水文化的基础。

要保护传承少数民族水文化，可以大力发扬与水相关的习俗和节庆，如泼水节、端午节、哑巴节等。但节庆往往包含着信仰和仪式内容，应谨慎对待，避免为了发展文旅项目、追求短期经济利益而人为地干扰、破坏信仰和仪式的严肃性、神圣性，伤害群众的信仰和情感。

随着现代科技的飞速发展，很多传统的水技术已经不再具有实用意义，如三眼井、水井、水碓、水磨、水车、水房、水力发动转经轮等。但是，它们能用则用，尽量保持其生命力，不能用则或作为历史和文化的重要符号进入博物馆，或在乡村建设和旅游开发中为其留有一席之地，既增加历史感和美感，又能对水文化的传承起到一定的教育意义。

此外，我们也有必要认识到，水文化的传承不仅是传承主体的事，水文化也并非独立于其他文化事项的存在物，而是一个庞大的复合的社会系统工程。水文化是各民族劳动人民在生产生活过程中孕育和发展出来的，特定的民族水文化，只对特定自然生境中特定的主体才具有意义。离开了特定生境和人及其生活方式，就谈不上水文化的保护和传承。在这种整体性视角和立场之下，水文化的传承是整体性的传承，与政治经济生态环境有着密不可分的联系，只有充分考虑相互之间的关联，建立整体传承场，才是有生命力的传承、可持续的传承、有效的传承。

水文化的传承在于政府水利水务职能部门对于水权的部分让渡。水利职能部门虽然也是以治理一方水土、造福一方百姓为宗旨，但剥夺了当地人对水文化公共传承的权利，甚至有时破坏了当地原生的水生态环境。少数民族熟谙当地水环境，掌握着一整套因地制宜的用水、治水、管水的技术和方法，在合理分配水权的前提下，提高他们的水管理参与度，鼓励他们参与当地公共水事水务生活，激发他们传承水文化的积极性和热情，能够有效缓和、改善人与水之间、人与人之间、个体与集体之间的疏离关系，如此形成以代表性传承人为核心、以民间为主体、政府和学界协助的活态传承，共同践行村落传统水文化，重拾文化自信，从源头上治水管水，充分发挥传统水文化的多重功能，促进生态和谐的社会发展。

水文化的传承以民间为主体，但也需要来自政府、学界和社会各界的多重力量的推动。首先，水文化传承需要学界对各民族珍贵的濒临失传的水文化进行档案式搜集、记录、整理、保存和全面研究。其次，需要在原水环境基础之上进行顺势保护，尽量保持那些依然发挥着重要生态功能的水技术和水设施的生命力，对那些失去生态功能的水利遗址和水俗遗产等，或可积极地与现代旅游、文创等产业相结合，在实现合理经济化目的的同时，进行水文化遗产的教育和宣传。总之，水文化的保护传承要在整体传承的视角下，充分考量少数民族的水权益，将水文化与文化空间、民族文化生态保护区、民族文化生态博物馆等一系列文化整体保护项目相结合。[①]

此外，要保护传承水文化，还应将水文化传承纳入学校教育体系。过去，水文化和其他传统文化一样，往往通过家庭和社区濡化传承，

① 参见黄龙光：《上善若水：中国西南少数民族水文化生态人类学研究》，商务印书馆 2017 年版，第 228—249 页。

家庭成员会教导孩子不能往龙潭吐口水、大小便，禁止在水源处洗手洗脚等，如果违反规则，不但可能遭到责骂，还可能要求择日举行相关仪式，请求神灵的宽恕。在当代，家庭教育和社区教育中的水文化教育已经衰落，学校教育也未对水文化给以足够重视。要保护传承水文化，需要家庭、社区、学校、学界、政府等层面的多方协作努力，重拾传统水文化的价值和意义，将其转化为现代化策略以应对当前的水危机和水问题。

水是有记忆的，它承载着历史，书写着当下，创造着未来。无论是月光之下寂静温柔的流淌，还是在恶风中浊浪滔天，作为大自然的一部分，水不仅是可供使用的物，更象征着灵性和生命，蕴含着深广的精神文化。站在人类的立场而言，水与人类是永恒的生命共同体，水值得我们永怀感恩、敬畏，呵护水就是呵护人类自身。

第三节　云南少数民族水文化的变迁

随着现代化的深入，很多传统正在消失或已经消失，水文化也未能幸免。少数民族水文化的变迁，主要体现在水环境、水技术和水制度、水观念、水信仰等核心要素的改变上。

一、水环境的变迁

水环境包括自然环境和社会环境，即水源、水系、流域分布、用水空间和结构、功能等一系列自然和社会区划。中华人民共和国成立以后，水权一律收归国家集体所有，国家成立了从中央到地方的专门水利主管及职能部门。20 世纪五六十年代，全国上下掀起了建设水利设施的热潮，民族地区新修了很多水库电站、坝塘，以及配套沟渠等设施。这些水利设施曾经为生产生活用水和防洪发挥了一定的作用，传统的水技术和水设施被逐渐边缘化。但因为水利技术不成熟、施工不专业、管理不完善，很多水库淤积问题严重，甚至有溃坝风险，于是形成了传统水技术和现代水利并存的局面。改革开放以后，为了开发云南丰富的水电资源，国家一方面维修风险水库，改造旧有设施；另一方面积极地兴修水利，改善民族地区城乡的水资源利用和管理格局。

经过一系列的改造，因为水权的转移，过去以水信仰为核心、举村自发地参与村社水事活动的模式发生了改变，需要全民参与动员抗旱防洪时，很难有效地组织民间的整体力量并保证其运作。2018 年，笔者在剑川白族地区甸南镇某村进行田野调查时，村委会主任不无失落地说："叫他们清理一下水沟，捡一下水里头的垃圾都喊不动，要发钱他们才肯干。可是求神拜佛倒是积极得很。"可以观察到，人们在政府主导的社会事务中与自发的宗教仪式中对水的态度大相径庭。村社的河流沟渠是由村委会主任负责的，村民仅有配合义务，所以丧失了主动性和积极性。但在举行宗教仪式的时候，人人皆知龙潭所取的水才是洁净的水、神圣的水，才能供奉使用，而龙潭是绝不可污染和亵渎的。也就是说，水源的保护与水权有着密切的关联，水权的丧失导致了传统人与水关系的变异，新的水制度削弱了水的神圣性，人对水的敬畏心和亲和心已经淡化，水日益被物化，人与水是疏离的利用与被利用的关系，那么治水的主动性也就随之大幅度下降了。

水环境的日益恶化也是片面追求经济发展的后果。森林是影响水生态系统的隐性部分，是森林涵养了水资源。少数民族历史上非常重视保护水源林，在一些地区，刀耕火种的轮歇制度就是科学合理的种植方式。但是，从 20 世纪 70 年代开始，云南有些地方大面积砍伐森林，西双版纳、德宏等地大面积种植橡胶，而橡胶种植对于水土涵养危害非常大。到 21 世纪初，当地森林覆盖率下降了 20%，仅为 50%。由于水环境的剧烈变迁，2011 年德宏甚至迎来了一个无水泼水节。所有这一切都可视为大自然的警告，人类必须在生态环境保护和经济发展之间寻找到平衡之道。

二、水技术和水制度的变迁

水技术和水制度是人们在应用水、处理水问题过程中的集体智慧结晶，是合理利用水资源的技能和经验，也是处理人与水关系时的物质属性和理性方面。如前所述，各民族发挥聪明才智，因地制宜，就地取材，创制了一系列如掘井汲水、筑坝防洪、开沟挖渠、输水用水的传统技术，具体如水车提水、水碾磨面、建桥渡舟等。水制度则指管理水的各种村规民约和习惯法。随着科技的发展，现代水利给人们带来了巨大的利益，人们越来越依赖现代水利技术和设施，传统的水技术和水利设施就逐渐被摒弃了。但是，现代水利技术也导致人们对水资源的过度开发，造成巨大浪费，有时甚至破坏自然生态、社区生态，乃至带来风险和灾害。人似乎总是更加珍惜来之不易的东西，用水的便利带来了对水的漠视。很多少数民族农村自从用了自来水，过去供水的龙潭和井泉就被废弃了，村民建筑不断侵占水空间，一年一度集体清洗水潭沟渠的水事活动不复存在，有些井泉边周边常常遍布各种生活垃圾。哈尼族刻木分水制度曾普遍在哈尼族、傣族、彝族及苦聪人中实行，随着寨老、巫师地位的下降，村子梯田灌溉的老刻木大多已经腐朽毁坏，少部分在博物馆进行展览，神秘的安放木刻仪式已荡然无存。昆明民谣《护山护水大事情》唱道："坝要水来山要林，护山护水大事情。"各少数民族都有保护水源林的习俗，如果违背，要接受相应的处罚。但这种习惯法已经逐渐失去约束力。峨山县塔甸村后，作为风水林、水源地的咪嘎哈神林，平时禁止任何人进入伐木、捡树叶、铲山灰，但是在大炼钢铁期间，林木几乎被伐光。近年来，虽然恢复了咪嘎哈节祭祀，但还是有人偷偷砍柴、铲土，传统的神灵和习惯法已经难以约束人们；因为时代变了，环境变了，观念也变了。

当然，随着科技的发展和技术的创新，相对粗糙低效的水技术很容易消失，但面对现代水技术的发达和水环境的日益恶化，我们需要思考如何从源头保护水资源，合理利用水资源。现代水技术虽然从局部短期解决了抗旱防洪问题，但没有解决水源问题，只能治标不能治本。所以，针对层出不穷的水问题，我们应该从源头上改变以水为消费品的错误观念，思考如何重拾对自然和水的敬畏，与传统水技术相结合，蓄养水源，恢复水生态循环，这才是治水的根本良策。

三、水观念的变迁

水观念是少数民族水文化体系中最深层的内涵，水观念推动人们产生了各种与水相关的行为，包括水技术和水制度，也包括水信仰和习俗等。一定程度上，水环境、水技术、水制度的变迁实际上是水观念的变迁。水观念的变迁经历了三个阶段：水的神圣性阶段——水的物化阶段——重建人与水和谐自然的生命共同体阶段。

在传统社会，云南少数民族对水的认知起源于山有山神、水有水神的万物有灵观念。20 世纪五六十年代，整个时代背景是对传统文化的破除，与水相关的信仰被视为封建迷信，自然也在破除之列。同时，水技术和水制度由国家水利管理部门负责，全国各地掀起了兴修水利的热潮，虽然当时的水利技术不成熟，水利工程质量堪忧，甚至为日后的生态环境和用水安全埋下了隐患，但现代水利技术的优势是显而易见的，很多工程确实快速缓解了当地的灌溉用水和饮用水困难，给民众带来了可见的实惠。也就是说，在国家对文化的重塑和现代科技教育发展进步的背景之下，云南少数民族的原始宗教体系消解了，与水相关的信仰仪式活动消失了，相关观念也逐渐淡薄，很大程度上，水的神圣性被解构，虽然 20 世纪 80 年代国家允许恢复宗教活动，但以信仰为主导的传统水文化可以说大势已去，取而代之的是科技主导的现代水文化。坚持传统水观念的往往是中老年人，而且以文化层次较低的中老年妇女为主。2017 年，笔者亲见剑川白族民间举行了一场声势浩大的祈雨仪式，但一位白族老知识分子说："我们小时候，大人说不能在水边撒尿，不然会生病。胆子小的不敢，但是胆子大的还不是照样撒，也没见出什么事情。祈雨这种事情是没有知识没有文化的人做的，是迷信。就算下雨也是巧合。"持这种观念的少数民族群众越来越多。

在 1949 年前，峨山彝族自治县塔甸村每年农历二月首个子日，要在村头龙潭祭龙，祈求五谷丰登，但现在关于水神、本地龙崇拜、祭祀、请龙送龙等灯会习俗，都已成为记忆，不复存在，只有老人还能回忆起当时的情景。如前所述，历史上沿水而居的傣族是典型的稻作民族，传统水文化非常发达，被称为"水的民族"。其创世神话把水视为创世和创生最重要的原始物质之一。但在当代社会，随着橡胶商业的种植和旅游业的冲击，加上傣族地方水权和水管理方式的转变，发生了包括水文化在内的传统文化的一系列变迁。尤其是在大力发展现代旅游经济的情境下，祭井、浴佛、泼水等传统社会神圣的水信仰和水习俗不可避免地被异化，带有一定的展演性质，不再是纯粹为信仰而行，而是为经济利益所驱动。类似的例子比比皆是。

2019 年，笔者调查发现，为了发展旅游业，吸引游客，有的民族甚至改变祭龙仪式的神圣时间和空间，更改祭龙的过程，信仰成了展演，龙神祭祀仪式成了赚钱的渠道，这显然是民间信仰走向信俗主义、水被极端物化的典型缩影。总之，传统的水观念基本丧失，在新的生态观念尚未建立、水法制还没有深入人心的阶段，水环境日益恶化也就不足为奇了。不过，庆幸的是，近几年来，水的重要性再次受到国家的重视，习近平总书记反复提出建构人与自然和谐相处的生命共同体理念，于是，水观念的变迁进入了崭新的阶段，在这个阶段，不同于以往将水视为高高在上的水神或将水视为可以随意践踏的消费品，人类正在重建对水的敬畏之心，即重建人与水的良性关系。

主要参考文献

一、典籍

1.〔晋〕常璩：《华阳国志》，刘琳校注本，巴蜀书社 1985 年版。

2.〔唐〕樊绰：《蛮书》(《云南志》)，向达校注本，中华书局 1962 年版。

3.〔元〕郭松年：《大理行记》，王叔武校注本，云南民族出版社 1986 年版，大理严氏铅印本。

4.〔明〕宋濂、赵埙、王祎等：《元史》，中华书局 1976 年版。

5.〔清〕傅天祥、李斯、佺修、黄元治等：《大理府志》，民国二十九年（1940 年）。

6.〔清〕管学宣、万咸燕：《丽江府志略》，丽江县志编委会办公室 1991 年翻印。

二、著作

1. 艾菊红：《水之意蕴：傣族水文化研究》，中国社会科学出版社 2010 年版。

2. 白玉宝：《红河水系田野考察实录》，云南民族出版社 1999 年版。

3. 黄龙光：《上善若水：中国西南少数民族水文化生态人类学研究》，商务印书馆 2017 年版。

4. 黄芝岗：《中国的水神》，生活·读书·新知三联书店 2012 年版。

5. 蒋涛、吴松、秦素粉主编：《水文化导论》，西南交通大学出版社 2018 年版。

6. 雷兵：《哈尼族文化史》，云南民族出版社 2002 年版。

7. 李汉荣：《大地伦理与河流美学》，百花文艺出版社 2019 年版。

8. 李亮：《趣谈中华水文化》，科学普及出版社 2018 年版。

9. 李子贤：《云南少数民族神话选》，云南人民出版社 1990 年版。

10. 刘冠美编著：《中外水文化比较》，中国水利水电出版社 2015 年版。

11. 马学良、梁庭望、张公瑾主编：《中国少数民族文学史》，中央民族大学出版社 2001 年版。

12. 田阡：《流域人类学》，人民出版社 2018 年版。

13. 王建华、任心甫主编：《中国水资源基础知识读本》，西南交通大学出版社 2011 年版。

14. 于敏：《云南人口较少民族民间故事的生态文化研究》，人民出版社 2018 年版。

15. 郑晓云、杨正权主编：《红河流域的民族文化与生态文明》，中国书籍出版社 2010 年版。

16. 郑晓云：《水文化与生态文明——云南少数民族水文化研究国际交流文集》，云南教育出版社 2008 年版。

17. 朱海风、史月梅、张艳斌：《水与文学艺术》，水利水电出版社 2015 年版。

18.《中国河湖大典》编撰委员会编著：《中国河湖大典·西南诸河卷》，中国水利水电出版社 2014 年版。

19. [美] 阿兰·邓迪斯编：《洪水神话》，陈建宪等译，陕西师范大学出版总社有限公司 2013 年版。

20.［美］J. 贝尔德·卡利科特：《众生家园——捍卫大地伦理与生态文明》，薛富兴译，中国人民大学出版社 2019 年版。

三、期刊论文

1. 陈曦：《宋代荆湖北路的水神信仰与生态环境》，《湖北社会科学》2009 年第 9 期。

2. 程宇昌：《鄱阳湖渔民水神信仰与晏公庙探析》，《江西社会科学》2016 年第 10 期。

3. 胡梦飞：《明清时期苏北地区水神信仰的历史考察——以运河沿线区域为中心》，《江苏社会科学》2013 年第 3 期。

4. 黄桂秋：《大明山龙母文化与华南族群的水神信仰》，《广西师范学院学报》（哲学社会科学版）2006 年第 3 期。

5. 李菲菲：《水神信仰下的干旱认知研究——基于大理海东的个案分析》，《青海民族研究》2016 年第 3 期。

6. 李子贤：《红河流域哈尼族神话与梯田稻作文化》，《思想战线》1996 年第 3 期。

7. 林继富：《同质异形的神灵谱系——藏族湖神与水神关系透视》，《西北民族研究》2003 年第 2 期。

8. 汪毅夫：《流动的庙宇与闽台海上的水神信仰》，《世界宗教研究》2005 年第 2 期。

9. 王晓莉：《白族本主神话中的水神崇拜》，《中央民族大学学报》（哲学社会科学版）2002 年第 3 期。

10. 杨福泉：《略论纳西族的生态伦理观》，《云南民族大学学报》（哲学社会科学版）2008 年第 1 期。

11. 张实：《云南迪庆藏族水文化》，《云南师范大学学报》（哲学社会科学版）2011 年第 3 期。